私立中学
合格ガイド2012

CONTENTS

Kosei GAKUEN GIRLS' JUNIOR HIGH SCHOOL

【平成22年度卒業生の主な合格実績】

（145名）

《国公立大学》

大学名	合格者	大学名	合格者
お茶の水女子大学	1	東京学芸大学	1
首都大学東京	1	群馬県立女子大学	1
横浜市立大学	1		

《私立大学》

大学名	合格者	大学名	合格者
青山学院大学	14	上智大学	1
中央大学	9	東京理科大学	5
法政大学	10	明治大学	5
立教大学	5	早稲田大学	8
津田塾大学	4	日本女子大学	19

【学校説明会】

10月22日（土）10:00～12:00
11月12日（土）13:00～14:00
12月17日（土）10:00～12:00
1月　7日（土）10:00～12:00

【出願直前個別相談会】

1月14日（土）10:00～17:00

【乙女祭】

9月24日（土）・25日（日）

【オープンスクール】

11月12日（土）

高校特進留学コースKGGS　**まるごと1年間留学中（ニュージーランド提携17校）**

佼成学園女子中学校

www.girls.kosei.ac.jp

〒157-0064　東京都世田谷区給田2-1-1　Tel.03-3300-2351（代表）Fax.03-3309-0617

●京王線「千歳烏山」駅下車徒歩６分
●小田急線「千歳船橋」駅から京王バス利用約15分、「南水無」下車すぐ
●小田急線「成城学園前」駅から小田急バス利用約20分、「千歳烏山駅」下車徒歩６分

学校説明会（生徒・保護者対象）

10/ 1（土）13:00～　　11/ 5（土）13:00～
12/10（土）13:00～　　1 / 7（土）13:00～

◇説明会終了後、新田キャンパスを見学希望の方はスクールバスでご案内いたします。

オープンスクール　（王子キャンパス）【要予約】

10/12（水）13:45 ～ 18:00
◇授業・クラブ・スクールステイ見学

生徒募集概要【募集人員　男女80名】

入試区分	第1回		第2回		第3回
	A入試	B入試	A入試	B入試	A入試
試験日	2月1日（水）		2月2日（木）		2月5日（日）
募集人員	男・女25名	男・女15名	男・女20名	男・女10名	男・女10名
試験科目	4科	2科	4科	2科	4科
集合時間	8:40集合	14:40集合	8:40集合	14:40集合	8:40集合

北斗祭（文化祭）
9/24（土）12:00～15:00
9/25（日） 9:00～15:00

順天中学校

王子キャンパス　（京浜東北線・南北線　王子駅・徒歩3分）
東京都北区王子本町1-17-13　TEL.03-3908-2966（代）
新田キャンパス　（体育館・武道館・研修館・メモリアルホール・グラウンド）
http://www.junten.ed.jp/

戸板中学校
〒158-0097 東京都世田谷区用賀2-16-1 Tel.03(3707)5676 Fax.03(3707)5733
「用賀駅」下車 東口から徒歩5分
http://www.toita.ed.jp/ e-mail: info@toita.ed.jp
Girls! Be ambitious!!
学校説明会
9月7日(水)10:30〜 9月23日(金・祝)10:00〜
入試説明会
10月13日(木)10:30〜 11月9日(水)10:30〜 11月20日(日)10:00〜
11月30日(水)10:30〜 12月11日(日)9:00〜
直前ガイダンス
1月11日(水)10:30〜 1月15日(日)10:30〜
個別見学会
12月22日(木)14:30〜
戸板祭
10月29日(土)30日(日)いずれも10:00〜(入試相談ルーム)
個別相談は、随時お受けいたしております。お電話でお申し込みください。
入試事務室 03(3707)5676

バイオ関係の仕事を目指す私にとって、理系環境の充実度には満足しています。

東農大一中で特徴的といえば、実験を重視する理科だと思います。教科書で学ぶのではなく、"実際にやってみて学ぶ"というところが、一番の特徴であり、良いところだと言えます。

とにかく実験が多く、中1の授業では、動物や魚の解剖に挑戦したり、染色体を観察したりしました。先生も「東農大一中ならではの理科」とか「自分たちで考えて進める実験」だと、よくおっしゃっています。

毎回実験のレポート提出は大変ですが、やっていて面白いし、この学校に入学して良かったと実感しています。

学校説明会 場所: 東京農業大学 百周年記念講堂

9/13 火 10:00～

11/13 日 10:00～

12/ 3 土 ≫10:00～ ≫14:00～
※入試対策説明会

1/ 7 土 10:00～

桜花祭〈文化祭〉 入試コーナー開設

10/1 土 10:00～

10/2 日 10:00～

知耕実学

東京農業大学第一高等学校中等部

〒156-0053 東京都世田谷区桜3丁目33番1号
TEL:03(3425)4481(代) FAX:03(3420)7199
http://www.nodai-1-h.ed.jp

東農大三中

究理探新

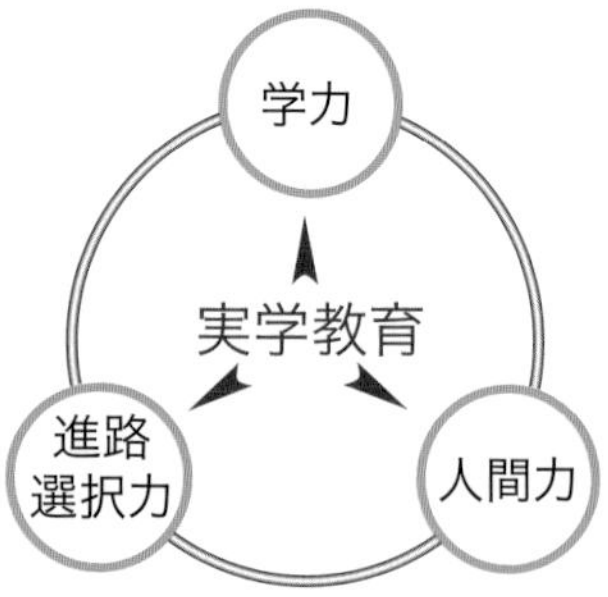

本物に出会い、本当にやりたい夢に近づく6年間。

人間の知恵とは、たくさんの「なぜ?」を「知りたい」と思う好奇心が産み出したものです。
学ぶ楽しさを知り、理を究めようとする姿勢から本物の生きた学力が身についていきます。
本校では、自ら学び探究する創造的学力を養うための中高6年一貫カリキュラムを用意しています。

■説明会日程

10月 3日(月) 9:30〜
場所:本校(授業公開)

10月15日(土)10:00〜
場所:所沢市民文化センター ミューズ

11月 1日(火)10:00〜
場所:大宮ソニック

入試模擬体験【要予約】
11月27日(日) 9:30〜
場所:本校
※予約は11月1日より本校ホームページで受け付けます。

12月17日(土) 9:30〜
場所:本校

■新校舎での学校生活!

中学の新校舎での学校生活がスタートしました。

日が差し込む明るい校舎で、生徒達は中学の3年間を過ごします。

ピオトープや、屋上菜園など、東農大三中ならではの場所もあります。

教室

理科室

9月17日(土)・18日(日)
浪漫祭(文化祭)
入試相談コーナーあり

東京農業大学第三高等学校附属中学校

〒355-0005 埼玉県東松山市大字松山1400-1
TEL:0493-24-4611 FAX:0493-24-4696
http://www.nodai-3-h.ed.jp/

Wayo Konodai Girl's Junior High School

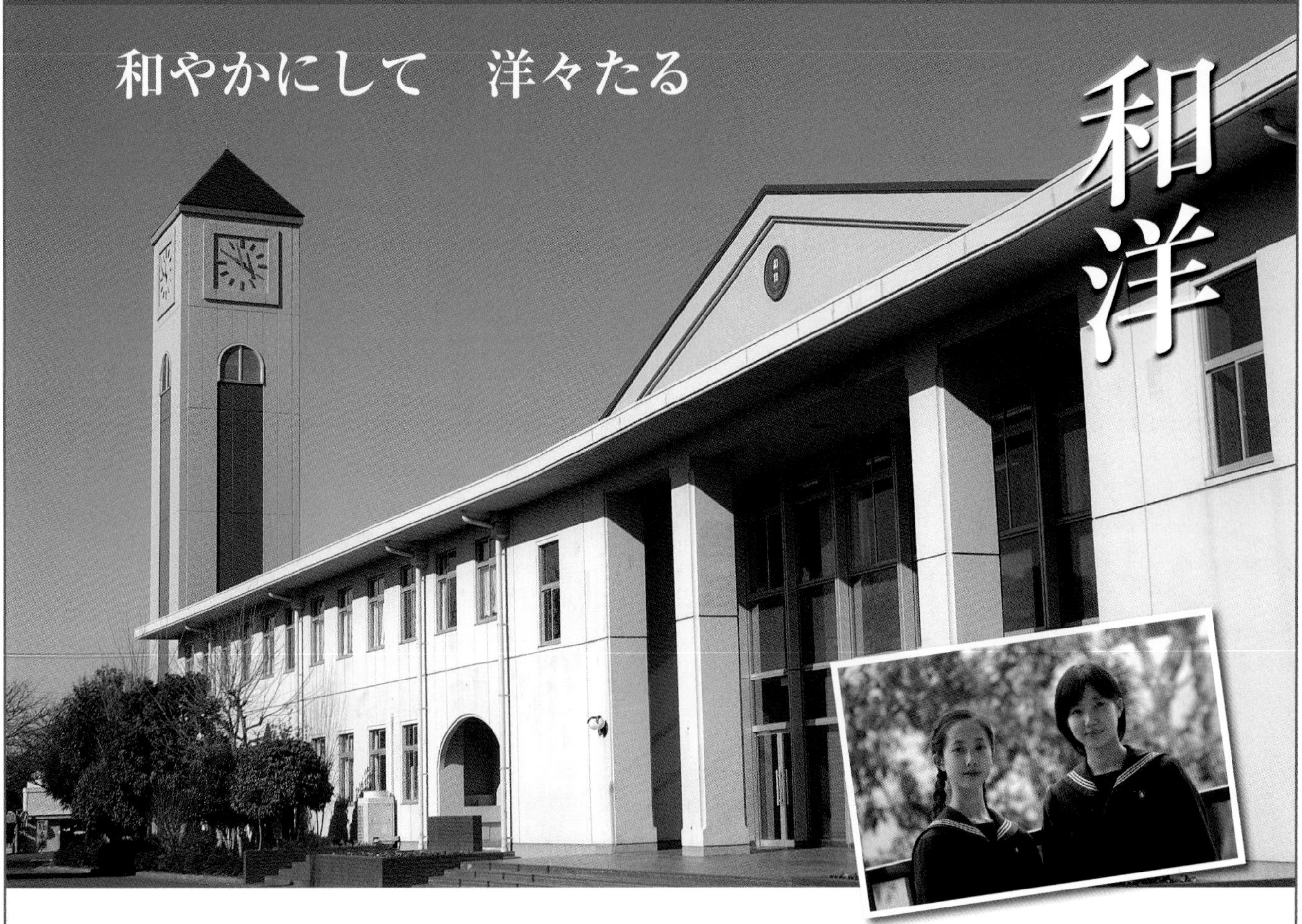

県内でも有数の特色ある英語教育

高い英語力を身に着け、世界を舞台に活躍できる人材を育てるために、オーストラリア姉妹校の教師による合宿や、イギリスへの研修旅行を用意しています。

中学３年生の夏休みには希望者を対象にハイレベル英語研修を５日間行います。

英語を母国語とした外国人講師との会話や生活体験を通して、これからの時代に必要とされる国際人としての素養を磨きます。

実験・観察を重視した理科教育

中学生の理科の授業は週４時間。そのうち週２時間は各クラスとも身近な自然を利用した「実験・観察」の授業を行います。

理科実験室は理科１分野・２分野２つの実験室を用意し、実験室には剥製(はくせい)・標本、動植物など学習教材も豊富に取りそろえてあります。同時に、課題研究に取り組むことで、探求方法を学習し科学的思考力や応用力を養います。

《体験教室》
9月17日(土) 要予約

《学校説明会》
10月１日(土)
10月23日(日)

《体育大会》
9月25日(日)

《学園祭》
10月22日(土)・23日(日)

※詳細はHPをご覧ください。

鮮やかな色のバスが、生徒の安全を守って走ります。

スクールバス運行
松戸駅/北国分駅　⇔　本校
市川駅/市川真間駅　⇔　本校

和洋国府台女子中学校

http://www.wayokonodai.ed.jp/

〒272-0834　千葉県市川市国分4-20-1　Tel:047-374-0111

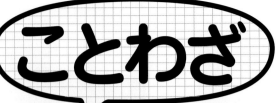

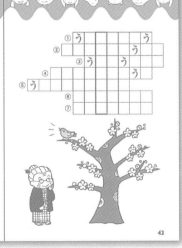

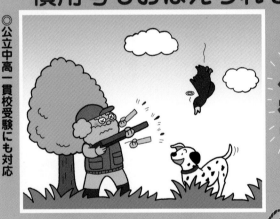

青山学院中等部

青山学院スクール・モットー **地の塩、世の光**

The Salt of the Earth, The Light of the World

（新約聖書　マタイによる福音書　第5章13節-15節より）

● 学校説明会

日　時　**2011年10月1日（土）**

第1回　10時～11時30分

第2回　14時～15時30分

2011年10月22日（土）

第3回　10時～11時30分

第4回　14時～15時30分

場　所　青山学院講堂

学校見学　説明会終了後

● 運 動 会

日　時　**2011年10月8日（土）** 8時30分

雨天時は10日（月）体育の日

場　所　高中部グラウンド

● 中 等 部 祭（文化祭）

日　時　**2011年11月5日（土）**

10時30分～16時

6日（日）

12時30分～16時

〒150-8366

東京都渋谷区渋谷4-4-25

TEL.03-3407-7463

FAX.03-5485-2164

http://www.jh.aoyama.ed.jp

君を磨く
足立学園
●学校説明会
9月10日(土) 10：00
10月26日(水) 〃
11月12日(土) 〃
12月13日(火) 〃
1月14日(土) 〃
学園祭
9月24日(土)・25日(日)
☆個別入試相談会実施！ 予約不要
学校法人 足立学園
足立学園中学校
ADACHIGAKUEN JUNIOR HIGH SCHOOL
〒120-0026 東京都足立区千住旭町 40-24 TEL. 03-3888-5331 FAX. 03-3888-6720
ホームページ▶http://www.adachigakuen-jh.ed.jp/
●東京メトロ千代田線、日比谷線 ●JR 常磐線 ●東武伊勢崎線 ●つくばエクスプレス線 北千住駅東口徒歩２分 ●京成線 京成関屋駅７分

浦和実業学園中学校

URAWA JITSUGYO GAKUEN JUNIOR HIGH SCHOOL

第1期生、英語イマージョン教育で優秀な大学合格実績！

いまより明日、力をつけて

入試説明会

第1回　9月 23日（祝）10:00～
第2回　10月　9日（日）10:00～
第3回　10月 22日（土）14:00～
第4回　11月　6日（日）10:00～
※予約不要、上履不要

入試問題解説会

第1回　11月 27日（日）10:00～
第2回　12月 18日（日）10:00～
※予約不要、「学校説明会」実施

公開授業

11月 15日（火）～ 18日（金）
9:00 ～15:00
※予約不要、10:00～ミニ説明会

入試要項

	第1回（午前）A特待入試	第1回（午後）A特待入試	第2回	第3回	第4回
試験日	1月10日（火）午前	1月10日（火）午後	1月13日（金）	1月17日（火）	1月26日（木）
募集定員	25名	25名	40名	20名	10名
試験科目	4科	2科	4科		
合格発表	1月11日（水）		1月14日（土）	1月18日（水）	1月27日（金）

※4科（国・算・社・理）　2科（国・算）
※必ず生徒募集要項でご確認ください。

〒336-0025　埼玉県さいたま市南区文蔵3丁目9番1号　TEL：048-861-6131（代表）　FAX：048-861-6886
ホームページ http://www.urajitsu.ed.jp　Eメールアドレス info@po.urajitsu.ed.jp

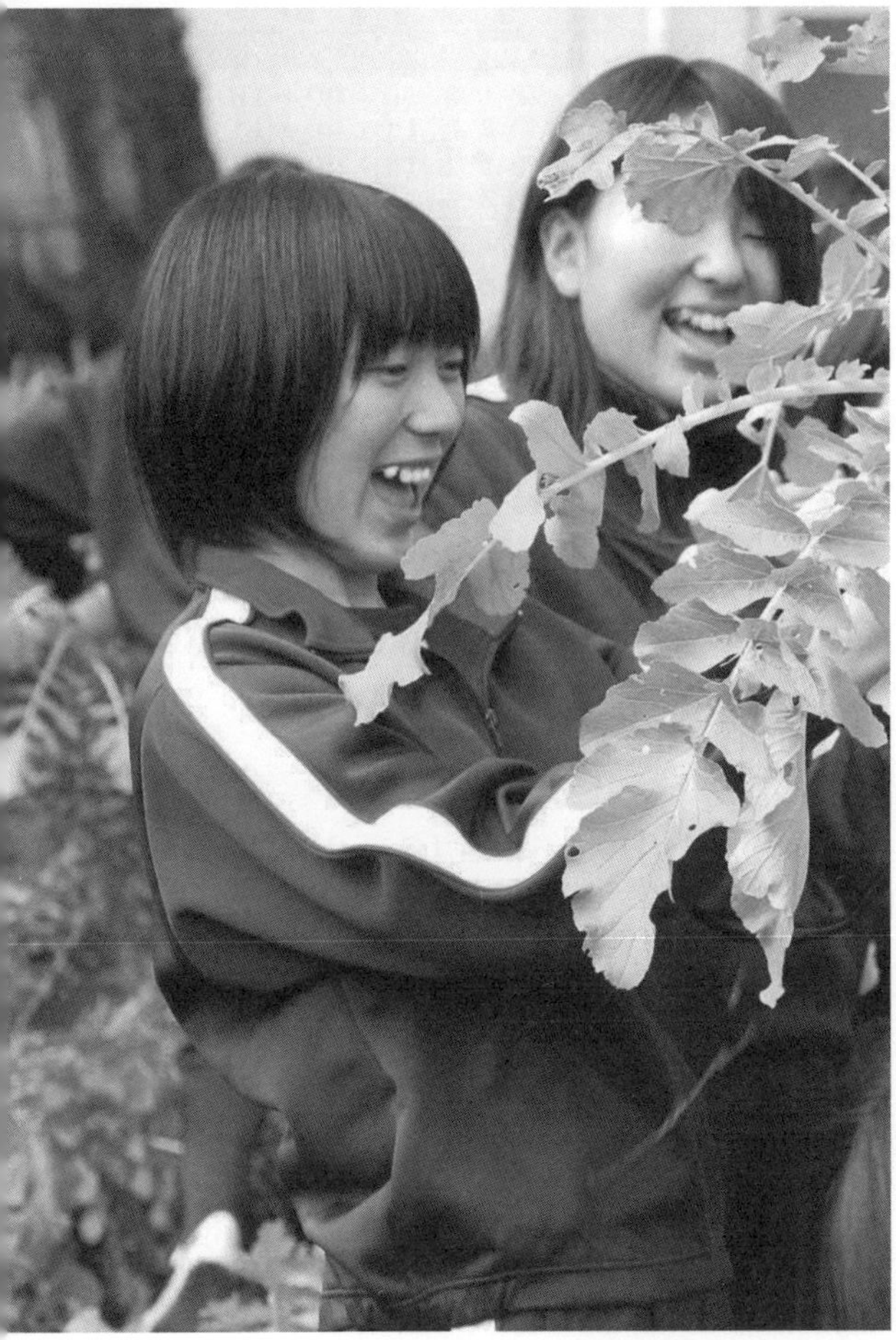

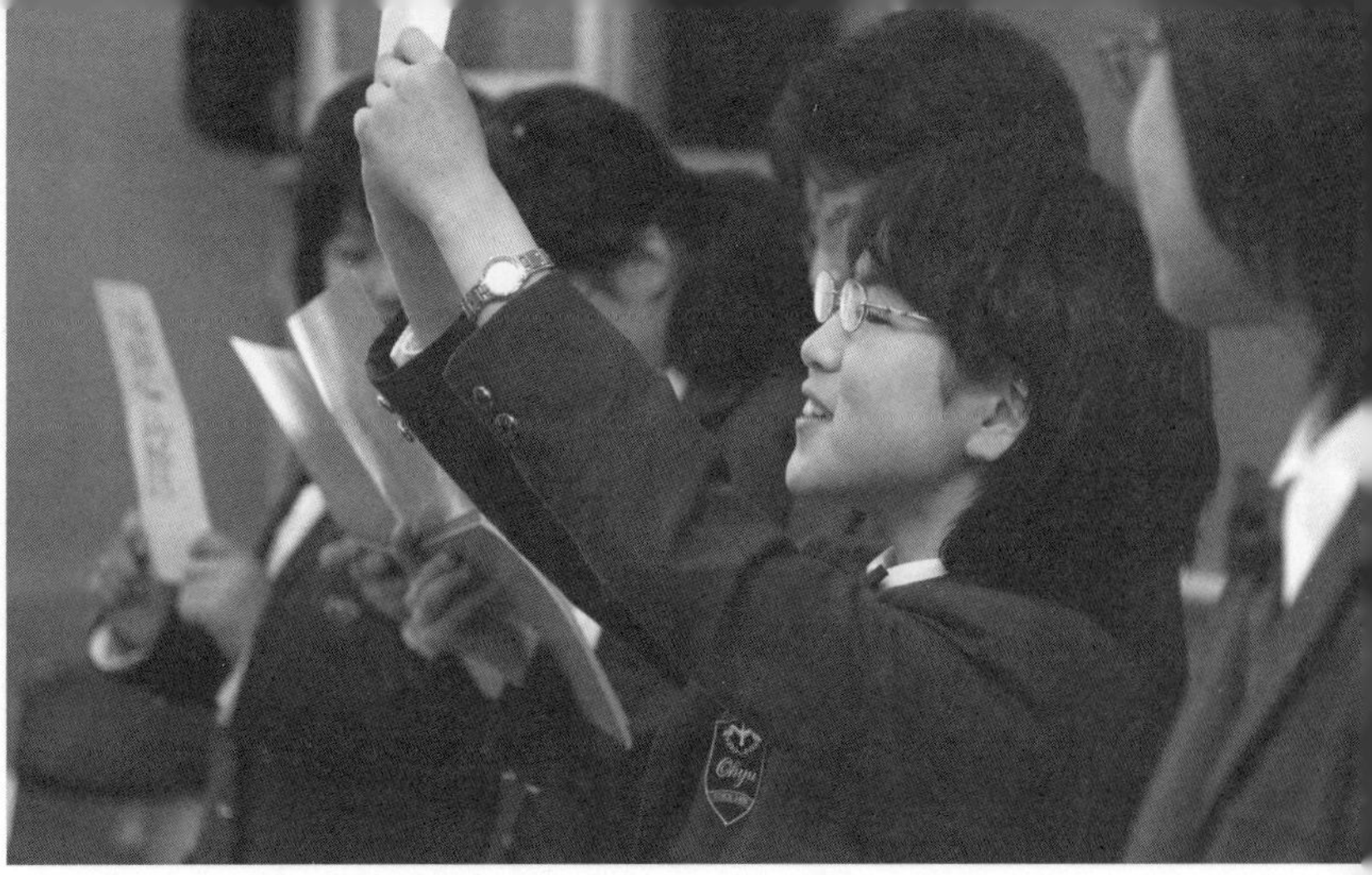

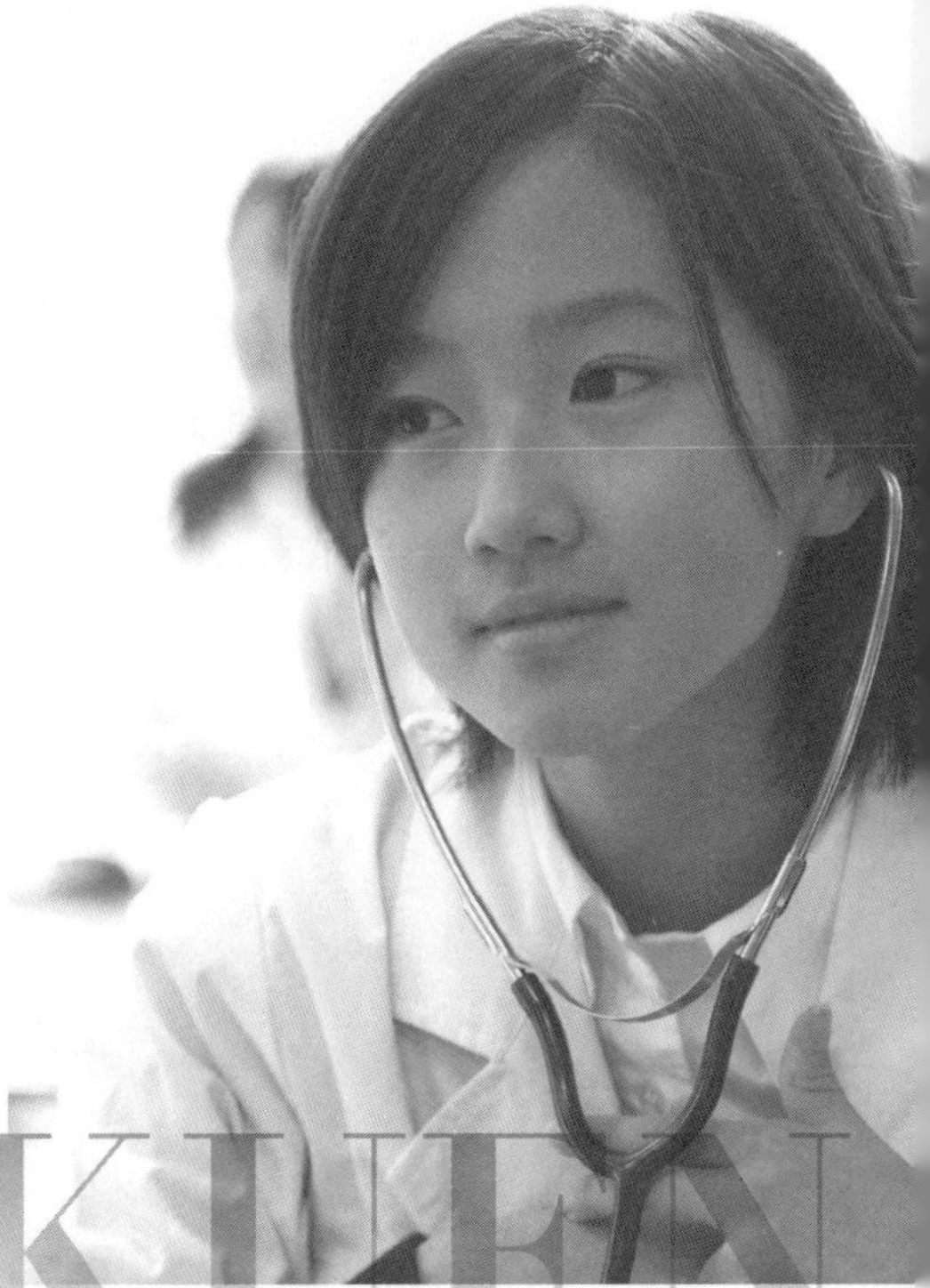

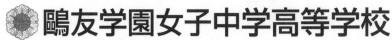

受験まで あと100日

＼伸びる**秘訣**は**親**にある!!／

子どもと向きあう中学受験

親と子のかかわり方は、子どもを伸ばす大事な要因。とはいえ、受験生の子どもに親としてどう接すればいいのかとまどうことはありませんか？　このコーナーでは、保護者が心がけたい受験生への対応方法について3人の専門家にお話をうかがいました。

受験を控えた子どもに、親はどう接するべきか

24P

精神科医
春日 武彦

親としての情をマネジメントして子どもに接する

26P

森上教育研究所
森上 展安

「足を引っぱらない」子どもとのかかわり方

28P

安田教育研究所
安田 理

受験を控えた子どもに、親はどう接するべきか

親のかかわり方しだいで、今後の子どもの人生が変わるかもしれない中学受験。思春期の複雑な心情を考えながら、上手に接していきましょう。

精神科医　春日 武彦

　中学受験は、たんに小手先で試験をクリアできればいいというものではありません。思春期へと突入する直前の子どもたちにとって、中学受験はこれからの親子関係や世間に対する感じ方・考え方を左右する重要な体験です。引きこもり・家庭内暴力・非行・自暴自棄な言動などを未然に防ぐためのチャンスです。子どもの学力が試されるだけではなく、親子関係のありようや親の人間性が子どもによって試されるイベントでもあるということを、ぜひ念頭においてください。

中学受験を決めたきっかけを振り返る

　そもそも中学受験をすると決めたのはだれなのでしょうか。どのような経緯があったのでしょうか。それをいま一度思い起こしてみる必要があります。

　小学校高学年は、比較的早熟な子は自分の意志をはっきり自覚し、また親やおとなに対する反発心を抱き始めます。他方、まだ「おとなの言いなりになる」状態から脱していない子もいます。そうした子どもたちが混在していますから、一律に論じることはできません。また刻一刻と内面が変化していく時期であることにも留意しましょう。

　まず、本人が受験したいと意志を明確にしめしたとしたら、親はその応援をはかるといった姿勢でのぞむことになるでしょう。ただし応援にもいろいろなかたちがあります。たとえば、勉強をしている間、家族はテレビの音量を下げるべきか。そんなことをされるのは鬱陶《うっとう》しい、間接的にプレッシャーを加えていると反発する子もいるでしょう。その一方、必死で勉強しているのに協力してくれないと怒る場合もある。

　いずれにしても、本人が自分から受験したいと言っている場合、家族にどうしてもらいたいか（あるいは、どうしてもらいたくないか）をダイレクトにたずねてみるべきです。言い換えれば、おとなあつかいして対等に話しあう姿勢が大事でしょう。一方的な干渉や口出しは逆効果になることが多いと考えてください。

　しかし、本人の意志がいまひとつ不明確で、周囲が受験するから自分も受験するなりゆきになってしまったとか、親の顔色を読んで受験すると言わざるをえなかったとか、そういった消極的姿勢のケースの方がむしろ多数派かもしれませんね。こうした場合、「受かったらいいな」「落ちると嫌だな」といった漠然とした気がまえしかありませんから、いまひとつ身が入らない。なんでも周囲のせいにしたがります。

　しっかりと目標を持っていないわけですから、指示されたノルマをこなすだけの受け身となりがちです。積極的な姿勢を欠くことは、ひとつのことをマスターしてもそれを応用したり発展させることができません。知識は同じでも、姿勢によって実力は大きく異なります。だらだらと行う勉強が苦痛なのは、得た知識以上の実力を発揮できたという意外性を体験できないからです。創造的な作業でなく単純労働に堕《だ》しているからです。

　そのような子に、「勉強をやって手応えはあるかな？」と聞いてみたらどう答えるでしょうか。おそらく「別に…」といった曖昧《あいまい》な返答がなされると思います。本人なりに勉強をしなければならないとは思っているけれど、充実感も達成感もない。おっくうで不安なだけ。そういった

春日 武彦

Takehiko
Kasuga

精神科医。1951年京都府出身、日本医科大学卒。
都立松沢病院部長、都立墨東病院神経科部長などを経て
現在は成仁《せいじん》病院・顧問。
精神科医としての立場から書いた著作も多数ある。

気持ちにとらわれているのでしょう。

彼らにとっていちばんの弱点は、自分の気持ちをうまく言葉にできないことでしょう。勉強は面倒だし退屈だ、だがそうでないクラスメイトもいる。どうしてこんなに苦痛なのか、どうして効果があがらないのかがわからず、そうした居心地の悪さや違和感を適切に表現できない。心はもやもやしたまま。生殺しにされているような気分なのでしょうね。

受験に消極的な子どもにどう接していくか

十中八九、彼らは自分に適した勉強の方法がわかっていません。自分の好みや癖に合うやり方、自分にとってリアルに感じられる手順が見えていないのです。ひとつの問題をじっくりと吟味して理解をふくらませていくことが得意なタイプもあれば、ある程度の数をこなすことでパターンに気づいていく子もいます。アンダーラインを引いて記憶していく子もいれば、ノートやカードをつくる（最近の子はパソコンも使うのでしょうか）といった手続きを経て記憶していく子もいる。方法論がわからない、わからないということ自体を表現したり質問できない――そこに彼らの不全感があるのです。

あやふやな気分のまま受験勉強にのぞんでいる子には、

●勉強は自分に合ったやり方を見つけられれば、満足感が生じるし成績だって伸びる。

●結果だけをすぐにだそうと焦る必要はない。これからさきの人生も、自分にふさわしい方法を知ることで勉強も仕事もスムーズにこなせるようになる。

●今回の受験が人生を決定するわけではない。むしろ、自分らしさを発揮できる勉強法を見つけるための練習とでも思う方がよい。ノートの書き方を工夫するだけでも、まるでちがってくるのだから。

●どこがわからないのか、どこが退屈なのか、どこの能率があがらないのか、そういった自分の弱点を具体的に言えるようにしてごらん。そうしたら、塾の先生にたずねてみてもいいし、だれに聞けばいいのかいっしょに考えることもできる。

と、方法論を説く会話が大切だし、漠然と「勉強、勉強」と言っているだけでは空回りしかしないことを親子で確認したいものです。

一貫した態度を保って子どもに接する

子どもたちは干渉されることを嫌うが、放任すると「見捨てられた」と恨む。応援してもらいたいが、過大な期待はウザい。おとなあつかいしてもらいたがるくせに、自分の気持ちをうまく表現する能力がない。まことに厄介なことですが、腫れものに触るような態度だけは避けたいものです。親の不安やとまどいやいらだちに対し、子どもたちは罪悪感と同時に被害感情を覚えます。そのどちらも、容易には解消のしようがない。受験に合格して親を喜ばせるといったかたちでしか解消のしようがないといった気持ちに追い込まれていく。ここで挫折が生じれば、思春期問題の発生につながっていくことになります。

親は淡々と一貫性を保ち、乞われれば応援するが余計な口だしはしないという姿勢をしめすことが賢明です。勉強とはただの方法論であり手段にすぎない、しかしそれをうまくこなせればゲーム以上の充実感と喜びがある。そんなふうに考えていければベストですね。

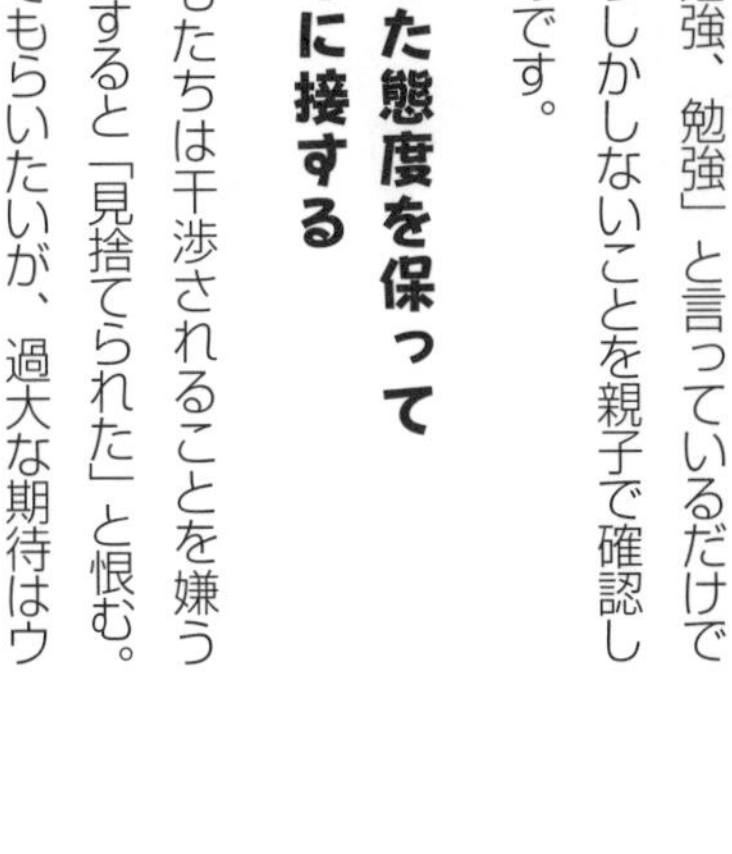

親としての情をマネジメントして子どもに接する

**中学受験には親の協力が不可欠ですが、熱くなりすぎてもいけません。
冷静になるには、塾の先生や家庭教師などの第三者を活用することもポイントです。**

森上教育研究所 所長　森上 展安

中学受験を控えた親御さんによく言うのは、「わが子に対して他人行儀にやりなさい」ということです。

「他人行儀」などと言うと冷たいように感じられるかもしれませんが、自分の子どもに対して親としての情がわきすぎると、なにかとイライラして叱りたくなったり、ひどいことを言ってしまいがちになります。子どもを否定するようなことをしないためにも、どこか親戚の子でも預かっているような気分で接するのがちょうどいいのです。そのくらいに考えて、受験に向かいましょう。

受験での喜怒哀楽を子どもと共有する

中学受験では、親としての立場から子どもを叱咤するのではなく、子どもと感情を共有し、親も受験に「参加している」という感覚を得られるとよいでしょう。

たとえば、模試でいい成績が取れたらうれしいから、いっしょに喜ぶ。でも成績が悪く、志望校の合格可能性が低くなってしまったら、いっしょに残念がりつつ、反省する。さまざまなかたちの喜怒哀楽を、お子さんといっしょに感じていくことが大切です。

しかしながら、そううまくいかないのが現実です。親子で対立してしまったり、

ついついお子さんを叱りつけてしまったりして、あまり親子関係が円滑にいっていないというかたももちろんいらっしゃると思います。そういう場合には、家庭教師の先生に来てもらうとか塾の先生にお願いするとかして、とにかく第三者にお子さんを預けることです。子どもは、親に言われたことは素直にやりたくなくても、塾の先生が言うならちゃんとやったりするものです。

受験では、さまざまなかたとのであいが、とてもいい影響をおよぼす場合があります。うまく第三者のかたと信頼関係を築くことができれば、そういうお子さんはかならず親御さんとも信頼関係を築くことができます。

「成績が伸びない」をどうとらえるか

成績の良し悪しというのは、まずまちがいなくやる気があるかないかにかかっています。お子さんの成績があがらないという場合に、「頭が悪いから成績があがらない」というように考えるかたがたまにいらっしゃいますが、それはちがいます。成績があがらないのは「やる気がないから」です。

成績があがらず子どもが勉強に対してやる気がないという状況は、簡単に言ってしまうと「やる気を起こさせない親が悪い」んです。子どもは初めからやる気がないなんてことはありません。基本的には自分の力を発揮したいのです。しかしそれを、まわりのかかわり方で打ち消してしまっているのです。

もしお子さんが、勉強にやる気を持っていないような雰囲気でしたら、まず、親御さん自身が、子どものやる気をそいでいないかよく考えてみてください。

たとえば、お子さんが問題をまちがえたのを見て、「なんでこんなのまちがえるの！」なんて言っていませんか？　また、お子さんの発言や行動を、頭ごなしに否定してしまっていないでしょうか。

こういうときにも、お子さんを第三者

森上 展安

Nobuyasu Morigami

早稲田大学卒業。進学塾経営などを経て、1987年に「森上教育研究所」を設立。「受験」をキーワードに幅広く教育問題をあつかう。近著に『教育時論』（英潮社）、『入りやすくてお得な学校』（ダイヤモンド社）などがある。

に預けるという対応が有効です。やる気を起こさせてくれるような人に任せてしまうのです。

学業のいちばんの敵は、なんと言っても「ストレス」です。保護者のかたがイライラしていると、子どももそれをストレスに感じるようになるでしょう。信頼できるかたに思いきってお子さんをお願いすることで、まず親御さんが自身をストレスから解放してください。そうすれば結果的に、お子さんも勉強に集中できるようになるでしょう。

子どもの変化に合わせた声かけを

受験が近づいて来ると、お子さんにいろいろと変化がでてくるでしょう。一概には言えませんが、男の子は秋以降になるとやっと受験生としての自覚がでてきて、勉強に身が入ってくるという場合が多いように感じます。ですから男の子は直前になってからが勝負です。「目の色が変わってきた」などと言ってあげるといいでしょう。

私の息子も中学受験をしたのですが、秋以降の時期には模試の結果を見ながら鼓舞していましたね。あまり成績がよくなくても、本当はできるのに失点したところを点数に加算して、皮算用をしては、「いいぞいいぞ、ここができれば合格点だ」なんて言って盛りあげていました。

女の子でしたら、「大丈夫だよ」とか、安心できるような声かけをするのがいいかもしれません。これも一概には言えないですけれども、女の子の場合は、男の子に比べてこつこつと真面目にできる子が多いですね。ですから、成績を安定させられるように、受験までの不安を取り除いてあげるというスタンスがいいのではないでしょうか。

また、入試が近づいて、受験する学校が決まってきたら、やっておいた方がいいことがあります。それは、「選んだ学校は、それぞれにどこもいい学校だ」と、子どもによくよく伝えておくことです。いちばんの難関校に受かればもちろんそれがいいでしょうが、どんな子だって不合格になることもありえます。そういうことになったとき、別の学校へネガティブな気持ちで進学することになってはお子さんが不憫《ふびん》です。どの学校でも、自信を持って進学できるように、いまから備えておくことをおすすめします。

「中学受験」は子育てのなかの要素

保護者のかたには、「受験は子育ての一部である」ということをいつも意識していただきたい。「子育て」というのは、子どもが自立するためにするものですね。自分のことは自分でできるように支えてやるというのが子育てです。しかし受験勉強が進んでくると、とにかく「合格すること」が一番になってしまいがちです。子どもを合格させるために手をだし、ついついいろいろとやりすぎてしまう。子どもを自立させるための「子育て」の要素がどっかに行ってしまうんです。

そうならないよう、「受験は子育ての一部」だということを考えて、ウォームハート・クールヘッドで、今後の受験勉強を進めていってください。

「足を引っぱらない」子どもとのかかわり方

中学受験をとおして子どもを成長させるためには、親の心がまえが大切。受験の主人公であるお子さんの成長を、長い目で見守りましょう。

安田教育研究所 代表　**安田 理**

9月以降は、模試を受けたり、志望校を決めたりと忙しくなってきて、お子さんだけでなく、保護者のかたまで余裕をなくしてしまうことが多いですね。時間がなくなってきて、その時間のなかで結果をださなければならないと思うと必死になってしまうのはわかります。

しかし、受験においては結果も大事ですが、それ以上に「プロセス」が大切です。受験はお子さんが成長するためのチャンスですから、お子さんの勉強に手をだしすぎたり、親がなんでも決めてしまったりするようなことは避けたいところです。そのことを念頭において、今後のお子さんとの接し方について考えてみましょう。

模試の結果が悪くても ネガティブにならないで

これからの時期、ポイントになるのは模試です。模試の成績が下がると親御さんはついカッとなってしまいがちですが、そこでネガティブな発言をしたり、ほかのお子さんと比べたりすると、子どもは一気にやる気を失います。

とくにこれからの時期というのは、どの受験生もがんばりますから、偏差値はなかなかあがらないものです。ですからお子さんに対しては、「偏差値はあがらないかもしれないけど、つぎは各科で5点ずつあがるようにがんばってみようね」などと言ってあげるのがいいでしょう。そういった励まし方ですと、お子さんもモチベーションを保てますよ。

また、模試の結果では、どうしても偏差値や合格可能性が気になるものですが、そればかり見ないよう気をつけてください。どの単元ができていないのか確認したり、答案用紙からなぜその問題をまちがえたのか検証したりする方が、お子さんもつぎに向かって目標を持ちやすくなります。

「やる気がないのはふつう」 そう思って受験に向かう

お子さんが勉強に対してやる気がない場合、親御さんとしてはイライラしますよね。そんなときは、まず、「子どもがやる気がないのは当たり前」と思ってかかることです。子どもの「やる気」を前提にして期待するから、「やる気がない」状態が目につくのです。親御さんがイライラすると子どもはモチベーションを下げますから、「子どもはやる気がないものだ」と思っておいた方がいいと思います。そのなかで、いかにどうやる気をださせるかを考えてみましょう。

ひとつの方法として、「できる問題をやらせる」というものがあります。やる気がでるのは、やはり問題が解けたときでしょう。ですから、志望校の過去問のなかから、これなら解けそうだという問題を選んでやらせてみるのはいい方法です。それが解ければ、お子さんも「○○中学校に受かるかもしれない!」と思って、やる気が高まるかもしれません。

また、志望校の文化祭などに連れて行くのもいいでしょう。どの学校に行くかは事前によく吟味しなければいけませんが、実際に学校に通っている先輩たちを見て、自分もがんばろうと思うことはじゅうぶんにありえます。

そしてもうひとつの方法としては声かけがあります。その言葉は、「まあ、むずかしいことをやってるのねえ、お母さんにはそんなのできないわ〜」というようなものです。そういったかたちでほめ

安田 理 Osamu Yasuda

安田教育研究所代表。東京都出まれ。
早稲田大学卒業後、学習研究社入社。雑誌の編集長を務めた後、受験情報誌・教育書籍の企画・編集にあたる。教育情報プロジェクトを主宰、幅広く教育に関する調査・分析に携わる。教育情報編集部長を最後に同社を退社。
2002年、安田教育研究所を設立。講演・執筆・情報発信、セミナーの開催、コンサルティングなど幅広く活躍中。

てやるのも効果があります。ただ、この声かけはしょっちゅうやると意味がないので気をつけてください。

　要するに、うまいぐあいに子どもの気分を高めるのです。子どもを叱りつけるのではなく、どうやって気持ちを乗せられるかが、親御さんの腕の見せどころです。

志望校を選ぶときに 親の考えを押しつけない

　志望校についてお子さんと話しあうときには、保護者のかたが受けさせたい学校を押しつけないことが大切です。ありがちなのは、「偏差値」や「大学合格者数」などの数字にこだわって、この学校にしなさいと言ってしまうパターンです。

　そうではなく、学校に足を運んで、お子さんとよく話してください。お子さんも学校を実際に見て、先生がたの話を聞き、先輩たちのようすを見たら、なにか感じるものがあるはずです。

　学校説明会でどんなことに時間を割くかは学校によってちがいます。大学合格実績について時間をかけて話す学校もあるでしょうし、どんな生徒を育てたいかを話す学校もあるでしょう。そういったところに学校の考え方がよくでますから、じっくり聴いてください。

　いろいろな学校を見に行ったうえで、親御さんはだいたいの候補を決めるくらいにしておき、最終的にはお子さん自身が受験校を決めるようにもっていきましょう。最終的に自分が決めたことにしないと、子どもは入学後にいろいろなことを親のせいにしがちになります。

　そして、お子さんがどうしても受けたいこだわりの学校があるならば、無理そうだとしてもぜひ受けさせた方がいいですね。それをしておかないと、「あのとき受けておけば…」という思いがいつまでも残ります。

受験期の親子関係を 円滑にするためには

　最近は、中学受験に対して熱心なお父さまも増えています。そこで気をつけていただきたいことが、「ご両親のバランス」です。たとえば、成績のことでお母さんがきついことを言ってしまった、というとき、お父さんもいっしょになって叱ってしまうのはよくありません。こういう場合、お父さんは優しく励ましたり、ちょっと気分転換にキャッチボールでもしたりする方がいいのです。

　おふたりともがお子さんにプレッシャーをかけすぎないよう、ご夫婦で役割分担について話しあってみてください。

　また、ご夫婦での話しあいというのは、このことにかぎらずとても大切です。受験のことだけでなくお子さんにどんな人生を歩んでほしいかなど、ふだんから話しておくことをおすすめします。

　親子関係で、いちばん子どもにとってストレスになるのは、「自分のことでお父さんとお母さんがケンカをしている」という状況です。お子さんのことについて、お子さんの目の前で言い争いになるなんてことは絶対に避けましょう。

　そして大切なのは、冒頭でも申しあげたように、お子さんのことをなんでも親御さんが決めてしまってはダメだということです。

　私が保護者のみなさんによく言うのは、「手をだすことは、足を引っぱること」という言葉です。受験は、お子さんの自立をうながすうえで非常に大きな意味を持っています。そこで親御さんが手をだしすぎると、せっかく成長しようとしているお子さんの足を引っぱってしまうのです。このことはぜひ、よく覚えておいていただきたいと思います。

Kamakura Gakuen Junior & Senior High School

鎌倉学園 中学校 高等学校

最高の自然・文化環境の中で真の「文武両道」を目指します。

〒247-0062 神奈川県鎌倉市山ノ内 110 番地 TEL.0467-22-0994 FAX.0467-24-4352　JR 横須賀線　北鎌倉駅より徒歩約 13 分

http://www.kamagaku.ac.jp/　キーワード>> 鎌学 検索

【中学校説明会】

10月20日（木）13:30～・10月22日（土）13:30～

11月12日（土）13:30～・11月26日（土）10:00～

学校説明会申込フォームから予約の上、ご来校ください。

※各説明会の内容はすべて同じです。

【中学体育デー】

10月1日（土）

クラス対抗競技会の公開

（予約は不要）

※受験生参加イベントあり

【中学入試にむけて】

12月10日（土）

9:00～11:00

2012 年度本校志望者（保護者）対象

※詳細は HP をご覧ください。

【ミニ説明会】

毎週月曜日　10:15～（授業見学あり）

15:00～（クラブ見学あり・雨天中止）

学校行事などで実施できない日もありますので、

電話でご確認の上、ご来校ください。

2011　2012

開智未来中学・高等学校

今春東大17名合格のさいたま市開智学園の姉妹校として、さらに先進的・本質的な学びを追究する進化系進学校が誕生

23年4月埼玉県加須市に開校

開智学園の教育を開発する

開智未来は、これまで開智学園が積み上げてきた教育の成果の上に、さらに「知性と人間を追究する進化系進学校」として、新しい教育実践を開発して子どもたちを伸ばし、その成果を地域および全国に発信し社会に貢献する学校を目指します。

校長自らが行う哲学の授業、環境未来学、未来型知性を育成するIT教育、論理的思考力を高める論理エンジン、コミュニケーション型知性を育む学び合い、学校・家庭・地域連携の共育など、さまざまな教育活動を開発し、発信していきます。

1期生は1600名を超える応募者があり、埼玉県の広域と隣接する栃木県、群馬県、茨城県から113名の入学生が集い、「関東の新鋭一貫校」として地域の注目を集めています。

未来クラスと開智クラス

「未来クラス」は、より質の高い集団でより質の高い授業を行い一人一人の能力をさらに伸ばすことを目的としたクラスです。東大を始めとする旧帝大、早慶等、最難関大学進学を目指します。「開智クラス」は、開智未来の充実した教育により一人一人の実力を確実に、そして、ていねいに育てるクラスです。国公立大学、難関私大進学を目指します。また、学年ごとにクラスの入れ替えを行います。

4つの知性を育てる

最難関大学合格を可能にする学力、そして、生涯にわたって発揮される学力を育成するために「4つの知性の育成」を謳っています。4つの知性とはIT活用力などの未来型知性、里山体験やカナダ環境フィールドワークなど体験や行動を重んじた身体型知性、暗誦教育に代表される伝統型知性、そして、対話的授業や生徒どうしの学び合いによるコミュニケーション型知性で、それらの知性をバランスよく磨き上げる授業を目指しています。

「朝の学び合い」

学びのスキルを鍛え、志を育てる教育の徹底

6つの授業姿勢を徹底し、3つの学びをバランスよく行います。

6つの授業姿勢とは、①授業のねらいを確認する、②主体的にメモを取る、③授業に参加する・反応する、④明瞭な発声・発言・発表をする、⑤意欲的に質問する、⑥学習したことを振り返る」です。開智未来では「ねらい、メモ、反応、発表、質問、振り返る」を暗唱して全員がすべての授業でできるようにしています。

また、生徒が伸びるためには「教わる」「自ら学ぶ」「学び合う」の3つの学びをバランスよく行うことが大切です。そこで、授業の中に「自ら学ぶ（思考させる）」と「学び合い」を適度に、適切に取り入れます。

関根校長の哲学の授業

開智未来では、関根校長自らが週1時間、「哲学」の授業を行っています。校長は東京大学で教育哲学を学び、公立高校教員となり50歳で校長の職を辞して開智高等学校校長を2年間務めた後、開智未来中学・高等学校の校長となりました。

「人間が育つから学力が伸びる、学力が伸びるから人間が育つ」というサプリの考えに基づき、哲学の授業では思考力や言葉力を育成するとともに、学びのスキルや「人のために学ぶ」志を鍛えます。

自ら学ぶ未来生

開智未来の生徒たちは自主的によく学びます。特に朝の始業1時間前には多くの生徒が登校しそれぞれに朝学習を始めます。校内にはオープンスペースの職員室があり、わからないことは気軽に先生

に質問できます。職員室のとなりは「学び合いルーム」で、友達同士机を並べて学び合う生徒たちの空間です。一方、大教室の「アカデメイア」では毎朝6時30分に出勤する関根校長と机をともに朝から独習する生徒たちが集います。

偏差値10アップのサプリを説明会で実施

開智未来では、「育てる生徒募集」という取り組みを行っています。昨年度は2000名以上の小学生と保護者の方に、校長自らが開発した「小学生サプリ」・「親子サプリ」・「受験生の親サプリ」等を体験していただきました。今年度も2学期の説明会、体験授業、入試問題解説会、クリスマスサプリと、その時期にふさわしい内容を準備しています。「伸びたい生徒、伸ばしたい教員、伸びてほしいと願っている保護者の気持ちが1つになった学校」それが開智未来のスローガンです。

「理科の校内探究学習」

～開智未来中学校の学校説明会・体験授業　日程（2学期編）～

場所：開智未来中学校　（栗橋駅・加須駅よりスクールバス運行）
自家用車で来校できます。各回とも上履き・筆記具をご持参ください。

<table>
<tr><th>学校説明会</th><th>時　間</th><th>内　容</th><th>スクールバス運行時刻
終了時の各駅行バスも有</th></tr>
<tr><td>9月10日(土)</td><td>10時00分～</td><td rowspan="5">◆開智未来の共育を体験
哲学・ＩＴ・論理エンジン
学びあい・・・
◆開智未来の入試について
（生徒募集要項配布）
（約80分）</td><td rowspan="5">（10時開始の説明会）
※栗橋駅西口発バス運行
9時10分・30分
加須駅北口発バス運行
9時10分
（14時開始の説明会）
※栗橋駅西口発バス運行
13時10分・13時30分
加須駅北口発バス運行
13時10分</td></tr>
<tr><td>10月　1日(土)</td><td>10時00分～</td></tr>
<tr><td>10月15日(土)</td><td>10時00分～</td></tr>
<tr><td>10月30日(日)</td><td>14時00分～</td></tr>
<tr><td>11月　5日(土)</td><td>10時00分～</td></tr>
</table>

体験授業：ホームページで９月以降、事前予約制（教科の内容もアップします）

<table>
<tr><td>9月23日(祝)</td><td>9時00分～
9時40分～
10時20分～
11時20分～</td><td>受付開始
小学生サプリ（30分）全員
１時間目　　（50分）選択
２時間目　　（50分）選択</td><td>※栗橋駅西口発バス運行
８時40分・９時00分
加須駅北口発バス運行
８時45分
※未来発各駅行12時30分</td></tr>
</table>

※小学生サプリ全員参加後、２コマの授業を選択して体験できます。（授業選択もホームページからの予約制です。）

入試問題解説会（事前予約不要）クリスマスサプリ（ホームページで事前予約制）

<table>
<tr><th></th><th>時　間</th><th>内　容</th><th>スクールバス運行時刻
終了時の各駅行バスも有</th></tr>
<tr><td>11月20日(日)</td><td>14時00分～</td><td rowspan="2">（入試問題解説会）90分
校長からサプリ的メッセージ
４教科入試アドバイス
受験生・保護者対象</td><td rowspan="5">（10時開始の説明会）
※栗橋駅西口発バス運行
9時10分・30分
加須駅北口発バス運行
9時10分
（14時開始の説明会）
※栗橋駅西口発バス運行
13時10分・13時30分
加須駅北口発バス運行
13時10分</td></tr>
<tr><td>11月23日(祝)</td><td>10時00分～</td></tr>
<tr><td>12月10日(土)</td><td>10時00分～</td><td rowspan="3">（小学生サプリ）　90分
小学生サプリ
国算模擬問題と解説
受験生・保護者対象
※各回90組限定の予約制
11月20日以降予約開始</td></tr>
<tr><td>12月17日(土)</td><td>10時00分～</td></tr>
<tr><td>12月23日(祝)</td><td>14時00分～</td></tr>
</table>

※入試問題解説会（２回実施）の内容は同じです。クリスマスサプリ（３回実施）の内容も同じです。

本気で伸びたいと思っている人だけ来てほしい

開智未来中学・高等学校

【スクールバス運行】
○JR宇都宮線・東武日光線「栗橋」駅～約18分
○東武伊勢崎線「加須」駅～約25分
○東武伊勢崎線「羽生」駅～約30分

所　在　地　〒349-1212 加須市麦倉1238　http://www.kaichimirai.ed.jp/
ＴＥＬ0280-61-2031

受験まで あと 100 日

「あと100日」で「合格力」をつける！

入学試験まで、あと100日と聞いて受験生の多くは、大きなプレッシャーを感じるていることでしょう。そこで、あと100日の過ごし方について、精神的なアドバイスなど、効果的な勉強方法をご紹介します。

１００日あればできることは多い

入学試験まで、残りあと１００日という時点は、大きな区切りとして意識されるときです。１００という切りのよい数であるだけではなく、３カ月あまりというまとまった期間でもあり、この１００日で、できることも多いのです。

実際、多くの進学塾でも、この１００日を区切りとして、「入試まで、あと○○日」と貼り紙が掲げられたりもします。これも、受験生を焦らせるために日数をカウントダウンするのではなく、まだまだ間に合うと励ます意味で掲示しているものです。

多くの受験生が、入試までの日数を具体的に意識した段階から、「自分も、やはり受験生だったんだ」と明確に意識するようになるのです。これまで、受験準備のための学習を重ね、暑い夏にも夏期講習でがんばってきたのですから、受験するという意識はあったものの、入学試験までの残された日数が明示されることで、より切実に受験生としての自覚がうながされるといえるでしょう。

ただ、ここで大切なことは、受験生のサポーターであるご家庭のみなさんの意識です。ややもすると「あと○○日しかないんだから、がんばれ！」と日々日数が減っていくことを強調しすぎる傾向もあります。どうしても周囲は、「あと１００日」を「１００日しかない」ととらえがちですが、そうではなく、「まだ１００日ある」と考えていただきたいのです。

周囲のこうした余裕が、受験生ご本人にもプラスに作用し、「合格」という栄冠を獲得する大きな力とすることが可能になります。

精神的な休養も意識した「１００日」に

さて、この「１００日」ですが、けっして短い日数ではありません。考えてみれば当然ですが、３カ月以上もの期間です。1年のうちでは4分の1以上にも相当する日数です。

受験の最終的なまとめと総仕上げをしていくにはじゅうぶんな時間が残されているといえます。

しかし、入学試験というプレッシャーもあり、ともすれば気持ちばかり焦ってしまい、日数だけが経過していくということにもなりかねません。「あと１００日」の時点でもそうなのですから、半分の「あと50日」となったときには、その不安と焦りは、より大きなものになります。

ですから、この「１００日」をどう過ごすかをしっかりと整理し、日々の学習を積み重ねることが、とても重要になってきます。あわせて、受験では、学力の向上とともに精神面での充実が合格に大きく結びつくものでもあります。「焦るな」というのは簡単ですが、実際には小学校6年生の児童にとって、「はたして合格できるだろうか」という不安もあり、精神的には、落ちつかない日々の連続であろうと思います。

そこで、周囲のご家族は、なによりお子さんの健康管理を心がけ、とくに精神的な面での疲れを取り除いていく工夫もしていくとよいでしょう。おおまかな計画を立てるなかで、わずかな時間でもかまいませんから、身体と気持ちを休ませる休養の機会も設けるように意識していくことが大切です。

「１００日」で高める合格力

では、この「１００日」で可能な学力伸長は、どのようなものでしょうか。中学受験の場合、小学校6年生が受験する点が最も大きな特徴です。それは、入試直前の１００日間も、まだまだ学力は伸びつづけるものだからです。

そして、中学入試は、ほぼ１００％入試の学力試験の結果によって合否が決定されます。一見、冷酷にも思える合否判断ですが、きわめて公平な方法であり、中学受験が、ほかの入学試験に比べて最も公平な入試制度だと言われる理由でもあるのです。

　ですから、この「あと100日」の期間をつうじても、受験生はあくまで学力の向上をめざして努力することが大切です。そのために合理的な学習方法を工夫し、入試での得点力を培っていきましょう。

　その学習方法として具体的には、「これまでの学習の総まとめ」と「入試での実践的な得点力向上」の2点があげられます。ひととおり学習はしたものの、学習内容や各項目の相互関連などが自分のなかで整理されていないために具体的な問題に対したとき、解答にいたることができなかったり、ミスをしてしまうことが、しばしばあります。これは、いわゆる学力不足とは異なり、学んだ内容をまとめて整理してみることで得点につながるものでもあります。「総まとめ」を計画的に実践することが合格に直結することになります。

　そして、培った学力が入学試験問題を解答していく過程で発揮できるような、入試実践力をつけていくことが求められます。入学試験問題は、総合的な学力を試すことが目的となっているため、それぞれの設問において入試に対応した学力の養成をこの「100日」において心がけていきたいものです。

「過去問題」演習に力を入れる

　この「総まとめ」と「実践力」をつけていくために欠かせないのが、各中学校において過去に実施された実際の入学試験問題の研究です。

　中学入試の場合、学校ごとに設問の形式、解答方法、難易度など出題傾向が著しく異なります。同じレベルの学力を有していたとしても、それぞれの出題傾向を熟知している受験生と、まったく初めて問題に接した受験生では、結果としての得点に大きな開きがでてしまうのは、当然のことといえるでしょう。

　出題内容についての知識や解法の基礎は身についていたとしても、各校の出題傾向に不慣れなために、得点力に結びつかない場合があります。模擬試験などにおいては、当該の学校への合格可能性が80%以上の高い数値がでているにもかかわらず、過去問題を解いた結果が合格最低点に遠くおよばないということもめずらしいことではありません。

　これを中学受験における受験スキルの一環としてとらえたとき、合格答案作成のテクニックといえるかもしれません。ただし、テクニックといっても小手先の技巧といったものではなく、それぞれの出題傾向に対応した解答力という意味であり、基礎学力にプラスされたもので、いわば「合格力」ともいうべきものです。

　あと100日を経過したあとにおいては、この「合格力」を過去問題演習をつうじて培うとともに、過去問題を解いたあとの復習によって、「総まとめ」を意識していくことが合格に直結する「合格力」につながるのです。

　「合格力」という言葉は、あまり聞き慣れない言葉だと思いますが、小学生のみなさんが努力を重ねて挑戦する中学受験において、結果としての合格をめざす以上、合格するために必要なものを総合して「合格力」と呼べるのではないでしょうか。

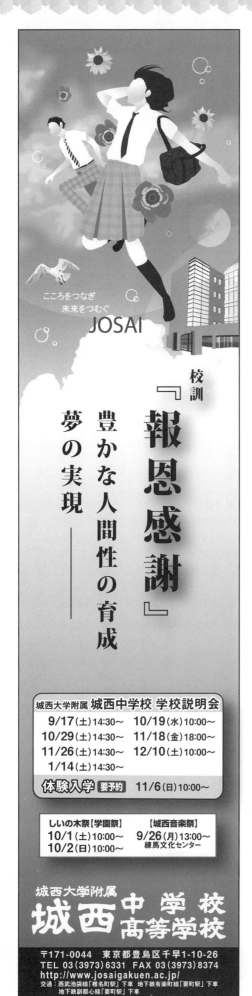

そして、この「合格力」は周囲のご家族、とくに保護者のみなさんがじょうずに協力してあげることで伸ばしていけるものでもあります。この「100日」が、その「合格力」伸長の絶好機でもあるのです。

「過去問題」の入手について

志望校の過去問題は、多くの学校のものが複数の出版社などから、過去数年ぶんを所収した問題集冊子として市販されていて、書店などで入手することが可能です。市販されているものであれば、インターネットなどをつうじて購入することも可能です。

しかし、学校によっては出版社からは刊行されていない場合もあります。こうした学校については書店やインターネットをつうじて入手することはできませんが、各校の学校説明会や学校受付窓口などで過去問題が配付されています。説明会などの機会に、各校に過去問題についてたずねてみるといいでしょう。

ただし、各学校が頒布・配付しているものについては、解説などがないところもあります。

一般に市販されている過去問題集は、過去3～5年前ぐらいの期間の過去問題が収録されています。ふつうは、この3～5年間ぶんを学習すれば、準備としてはじゅうぶんといえますが、さらにさかのぼって過去の入試問題に接したいという場合には、インターネットなどで、より古い年次の過去問題を入手することはできます。

ただし、受験校は1校のみではなく、併願校の過去問題にもあたらなければいけませんので、実際には、市販されている年次以上の分量の過去問題にあたる時間的な余裕はないことが多いです。

この入試問題集は、夏から秋ごろにかけて各校のものが刊行され、書店で販売されています。

学校によっては発行部数の関係から、一定時期を経過すると書店における在庫がなくなることもあります。

まだ、受験校がはっきりと決定していない段階においても、受験を考えている学校の過去問題集は早めに購入しておく方がいいのかもしれません。

とくに、第1志望ではない、押さえの学校については、より合格を可能にするために確実に合格を勝ち得たいので、ぜひ過去問題集を入手し、しっかりと問題研究をしておくようにしましょう。

「合格力」をつける過去問題演習 ～7つのポイント～

① 計画的に過去問題にあたっていく

「過去問題を解く」とひとくちにいっても、じつは非常に時間を要するものです。標準的な試験時間で考えてみましょう。算数・国語各50分、理科・社会各30分としても計160分、短い休憩をはさむなら3時間以上もかかる計算となります。

過去問題の演習は、原則として各家庭においてやっていくことですので、休日などの比較的時間のあるときに実施するとしても、1日に1校ぶんか、せいぜい2校（もしくは2年ぶん・2回ぶん）が限度といえるでしょう。過去問題は解くだけではなく、後述するように解いたあとの復習と総まとめが肝要ですので、問題を解く時間に加えての学習時間も考えておく必要があります。

したがって、各校の過去問題をそろえても、それらをどうこなしていくかは、計画的に考えなければなりません。どの時点で、どのように取り組んでいくかを前もってプランニングしておくことが大切です。ぜひ、解答したあとの学習時間も短時間でもいいので用意しておくような計画を立ててください。

② 時間を計測し、採点も正確に

過去問題演習で大切なことは、実際の入試を想定してやってみることです。とくに解答時間は大切です。科目によっては、「もう少し時間があればできた」という場合もあるかもしれません。小学生であれば、とくにこうした事例は多いのではないでしょうか。しかし、受験では制限時間内に解答することが求められています。与えられた時間をどう活用して合格点を獲得するかが入試ですので、時間は正確に計測して実施することを基本としてください。

問題演習を実施するときには、時間計測は保護者のかたが担当し、受験生ご本人は実際の入学試験場で用いる腕時計などで時間配分を意識して解答するといいでしょう。保護者のかたが時間計測するには、ストップウオッチやキッチンタイマーなど一定時間を計測しやすいものが便利です。

そして、科目ごとの休憩時間も長くしすぎないように注意しましょう。休憩中にテレビを見てしまったり、マンガを読んだりしてしまうと緊張感に欠け、本来の「合格力」をつけていくことはむずかしくなってしまいます。あらかじめ決めた休憩時間を守るようにしてください。

さらに、問題を解いたあとの採点は、保護者のかたが担当していただきたいと思います。この際、ちょっとしたミスだから、オマケして○、ということは避けましょう。実際の入試における採点と同等の厳格さをもって採点するようにしたいものです。小さなミスであっても、ミスはミスで減点されてしまいます。練習の際に、厳格に対応していくことで、実際の入試でのつまらないミスを防止することになります。

また、例年、読者のみなさまから、「国語の記述式解答の採点が難しい」とのお声が届きます。問題集の解答とお子さんの書いた答えが異なっていて、判断に苦しむことが多いようです。

これは、問題集の解答執筆者はつねにおとなであり、語彙《ごい》や表現方法においても、おとなの視点で作成されているからです。出題者は、けっして「おとなの解答」を求めているわけではなく、「小学校6年生の思考と解答」を問うわけですので、設問趣旨を理解しポイントが明確におさえられていれば、表現や叙述が問題集解答と異なっていたとしても得点を与えてかまいません。

これは入学試験を実施している各校の採点現場においてすら同様のことがあるようです。事前に用意された出題者が作成した模範答案とはちがった表現であり、小学生の解答としてはより適切な解答が答案のなかに現れることもあるそうです。そうした場合には、正解例に追加して再採点することもあると聞きます。ですから、問題集解答例にこだわりすぎないことも意識してください。

この国語の記述式解答の評価について、基準がわからずに悩む場合には、塾の先生にご相談になるのもいいでしょう。

③ 基礎・基本問題を確実に得点する

過去問題を解いたあとに採点し、かならず内容を確認するようにしましょう。その際、大切なことは結果としての得点ばかりを気にしないことです。できることなら満点をめざしたいという気持ちは理解できないでもありませんが、入試で「満点は必要ない」のです。

中学受験では、ほとんどの学校で、正解率60～65％程度で合格圏に到達することができます。市販されている過去問題集においては、それぞれの年度の合格最低点が掲載されています。各校で公表されている合格最低点の場合もありますし、非公表の場合には想定合格最低点が示されています。

この合格最低点に到達するためには、意外かもしれませんが、「受験生の多くが正解」している問題で得点すればいいのです。よくいわれる「差がつく問題」は総受験者の2～3割しか正答しておらず、むずかしい問題は解けなくても合格圏に入ることが可能なのです。

このことは、過去問題演習を終えたあとの復習に活用できます。いわゆる難問ができなくても、あまり気にすることなく、多くの受験生が正答しているような基礎・基本問題で確実に得点できているかどうかを確認していくことが、本来の「合格力」をつけることにつながります。

時間的な面から見ても、いわゆる難問を復習・理解していくのには多くの時間を要しますが、基礎・基本問題の復習・確認は短時間ですむことが多いでしょう。

時間の効果的な活用という側面からも「やさしい問題」で確実に得点できるようにすることと、そうした問題の復習に力を入れて得点力を高めていきましょう。

④ペンの色を変えて採点を2回する

前項で、「厳格な採点」の必要性を述べましたが、一方で、小学生である受験生を励ましつつ得点力が向上するような採点方法をご紹介したいと思います。

それは、採点を2回してみることです。1回目は赤ペンで実際の入試と同等の厳格さをもって採点します。そして、それとは別に、たとえば緑色のペンで2回目の採点をするのです。

この2回目の採点は、単純なケアレスミスや転記のミス、些細な誤字などの部分で得点できなかったところを○として加点した採点をしてみます。

中学受験において、とくに男子受験生は、単純な計算ミスや、余白に計算してでてきた解答は正解なのに、解答欄や解答用紙に記入した答えが誤っているという基本的なミスが多いようです。

このほか、漢字の書き取り問題で「送りがなをつけて書く」という指定があるのに漢字しか書いていないなど、単純な問題指定を見逃しているような場合も少なくありません。

これらも誤りは誤りなのですが、こうしたミスが積み重なることで、失点は大きくなり、実際の入学試験においては合否最低点の近くに数多くの受験生がひしめいています。小さなミスを防止できるかどうかで、合否に影響がでてしまうのです。

そこで、過去問題演習の時点から、失点した部分のなかで、どこがケアレスミスであったのか、そして、もしその失点がなければ得点はどうだったのかを具体的に認知するきっかけとするために、この2回目の緑色ペンでの採点を活用してください。

まだ小学生でもある受験生にとって、ただ単に「つまらないミスをしないようにしよう」とアドバイスしたとしても、現実味に欠け、なかなかミスの減少にはつながらないものです。しかし、緑色ペンで失点箇所が明示され、結果としてミスをしなければ得点できたことが理解できれば、「このつぎはミスしないようにしよう」という意識が自然に芽生えてきます。

けっして、受験生を甘やかすのではなく、ミスをしないことがいかに大切かを具体的に指示し、励ましていくことにもつながります。

実際の入学試験において、各校のお話をうかがうと、合格最低点の前後わずか1～2点のところに数多くの受験生が集中しているのが実状だそうです。この1～2点というのは4教科（もしくは2教科）総合点でのことですので、合否とはいっても、そのちがいはきわめて小さく、ちょっとした差でしかないことがよくわかります。

こうしたことを受験前の問題演習の時点で、しっかりと受験生に伝え、本人が意識してミスを減らそうとするようになっていくことが「合格力」につながっていくことでしょう。

⑤復習は時間をおかずにスピーディーに

当然のことではあるのですが、過去問題を解き、採点をすませたとしても、合格点に到達しているかどうかを見るだけではなく、かならず内容の復習をするようにしたいものです。

とくに失点した部分について見直すことは非常に大切です。どうしても結果としての得点は気になるものですが、得点そのものよりも、どのような部分で、なぜ誤ったのかを復習することを心がけましょう。

この復習は、あまり完璧を期すことなく、基礎・基本部分で誤った部分やケアレスミスが原因で失点したところを短時間で見直すことを中心としてください。問題を解くだけでも、すでにかなりの時間が経過しているはずですが、この復習や見直しは、解いてからあまりに時間が経過したあとでは、その効果も期待できなくなるばかりでなく、改めて解き直す時間が必要になるなど非効率になりがちです。

この復習・確認過程では、覚えておくべき事項をテキストで確認してマーカーでマークするなど短時間で、さっと行えるような方法をおすすめします。あまりに念入りな復習にこだわってしまうと、つぎの過去問題演習がしにくくなったり、時間効率が落ち、全体としての学習に支障がでてしまうからです。

⑥「復習ノート」を活用しよう

短時間で処理できる「復習ノート」の作成をおすすめします。これまで強調してきた基礎・基本に属する問題のうちで、何回もまちがえたり、必須事項と思われる内容が設問とされているものについてまとめた「復習ノート」をつくってみましょう。とくに形式にこだわる必要はありませんが、大切なことは短時間に作成できるものであることと、作成したノートを後日、再び確認しやすい内容にすることです。

多くの合格者がやってみて効果的であったといわれるのは、ノートを見開きで使用し、左側ページに問題、右側ページに解法と解答を記入して一覧できるようなかたちにしたものです。その際、問題を書き写したりする必要はなく、コピーを貼りつけるようにするなどして短時間でノートがつくれる工夫をしましょう。

右側ページの解法・解答についても同様で、問題集に紹介されている図や表などがわかりやすいと思ったときには、そのコピーを貼りつけたり、切り取って貼ってもいいでしょう。

この見開き「復習ノート」の利点は、後日、このノートの右側に下が透けない紙をおいて解き直すことで、自作の問題集になることです。基礎・基本を中心として、自分が一度誤った問題を解き直すことができますから、次回以降に同様のミスを防止できます。

「復習ノート」をつくろうと決意する受験生は多いのですが、つづかなかったり、見た目の美しさにこだわって時間をかけ過ぎる傾向もあるようです。

そうではなく、短時間に作成でき、事後に使うことができる「復習ノート」をつくってみてください。

⑦解答用紙を拡大コピーして実践力を養おう

一般的に市販されている過去問題集では、書籍サイズの関係から解答用紙が実際のサイズより縮小されて掲載されている場合がほとんどです。

内容的にはまったく変わりはないものの、サイズの相違が解答段階において影響することも少なくありません。たとえば、算数の問題で途中式や考え方、図なども記入する問題では、解答欄の広さによって答えを書く内容にちがいがでてきます。また、国語の記述解答の問題で字数制限が指示されずに一定の解答欄に答えを書く場合には、実際の解答用紙のサイズでないと文字量や文字の大きさとしてどのくらいが適切かがわかりません。

そこで、すべての過去問題演習ではないとしても、記述解答が多い学校の入試問題などについては、解答用紙部分を実際のサイズに拡大コピーして利用することをおすすめいたします。

時間の計測、解答用紙サイズなども含め、実際の入学試験を想定しての準備をしていくことで、ぜひ「合格力」を高めていくようにしてください。

身体と頭を「朝型」に

一般に入学試験は、朝から午前中にかけて実施されるのがふつうです。近年は、午後入試という試験形式も多くはなっていますが、それでも、午前中に他校を受験して、午後からの受験である場合が多いだろうと思います。

ですから、計画的に身体と頭を「朝型」に移行していくようにすることが大切です。いつから朝型への移行をするかは、個人差もあるでしょうが、急激に変化させるのは無理がともなってしまいます。遅くとも1カ月以上前から徐々に慣れていくようにしたいものです。

入試は厳寒期に実施されます。そして、その1カ月前も寒い時期です。朝の寒さがつらいときでもありますので、少し早めに早起きを心がける方が負担が少ないともいえます。可能であれば、秋ごろから少しずつ就寝時間を早め、朝早く起きる習慣をつけていきたいものです。

この朝型への移行については、たんに朝早く起きるだけではなく、朝起きてから頭を働かせる訓練も同時に実践することが大切です。簡単な計算問題を解く理科や社会の確認事項を覚える、漢字の練習をするなど、20～30分以内で終了できるような学習テーマを予定しておき、朝起きてから、短時間の学習をするようにしてみてはいかがでしょうか。

モチベーションを高めるために

適度な「ゆとり」を持って

「あと100日」という時点から、全力で入試に向けてがんばろうとしても、やはり100日という期間は、それなりに長い日々ともいえます。その間には、どうしても、やる気がでない、なんとなく調子が悪いというスランプ、もしくは中だるみしてしまうことも、よくあることです。

そんな場合であっても、塾に行けば、中学受験を志す仲間がいますから、塾の友だちのようすを見ることでモチベーションの低下を防ぎ、再びやる気をだすこともできるはずです。塾の効用として、学力をつけるだけではなく、モチベーションが下がってしまうような事態に陥ったとき、自然と前向きな気持ちでがんばることができるというものもあるわけです。

ですから、やる気がでないような場合であっても、つねに気持ちにゆとりを持ち、塾の仲間とともに目的に向かっての地道な努力を重ねていきたいものです。

前向き思考の会話で明るい未来をイメージしよう

なにより受験生への励ましや支えとなるのは、ご家族の言葉です。まだ12歳の少年・少女が競争試験という厳しい現実と直面しなければならないのが中学受験です。

合否という結果がともなうものでもあり、受験しない人も多いなかで努力していくことは、酷な側面も確かにあるでしょう。しかし、そうした受験の厳しさは、なにも自分だけが経験していることではなく、ほかの受験生も同じように感じていることです。そして、そうした不安を乗り越えて努力していくことに、中学受験することの真の意味があるのです。

ご家庭においては、「不合格だったらどうしよう」というような後ろ向きな思考ではなく、「いま、がんばって合格したら、こんな中学校生活が待っている」という明るい未来をイメージできるような会話をつうじて受験生を励ましていただきたいと思います。

この中学受験に全力でのぞんだという経験は、ご本人にとって、かならずよい結果として残るものでもあります。

明るい未来を信じて、受験生も、そして保護者のみなさまも、「あと100日」を悔いなく過ごし、「合格力」を高めてそれぞれの志望を実現されることを、心よりお祈り申しあげます。

多様な進学先を可能にする
独自のカリキュラムと教授法
VERITAS
学校説明会
10/12(水) 6年生対象 10:30～12:00
10/13(木) 5年生以下対象 10:30～12:00
11/19(土) 6年生対象 10:30～12:00
文化祭［吉祥祭］
9/17・18(土・日) 入試相談コーナー設置
運動会
9/24(土) 於 八王子キャンパス
入試問題説明会
12/4(日) 6年生対象 10:30～12:00 14:00～15:30
※午前・午後とも同じ内容です。
※平成23年度第1回(2月1日実施)の入試問題の解説を行います。
問題は9月以降の学校説明会で配布します。
●平成24年度入試概要
第1回 第2回 第3回
募集人員 102名 102名 30名
試験日 2/1(水) 2/2(木) 2/4(土)
試験科目 国語・算数・社会・理科
吉祥女子中学校
http://www.kichijo-joshi.ed.jp/
〒180-0002 東京都武蔵野市吉祥寺東町4-12-20 TEL:0422(22)8117
■JR中央線・総武線・地下鉄東西線直通 西荻窪 下車、徒歩8分 ■西武新宿線 上石神井から「西荻窪駅」行きバスにて15分 地蔵坂上バス停下車、徒歩8分

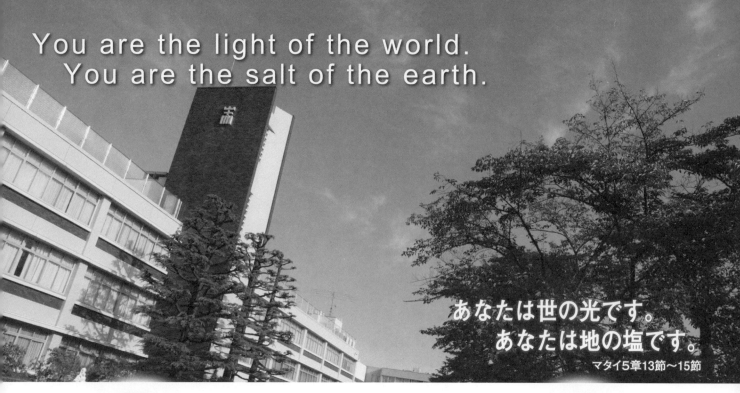

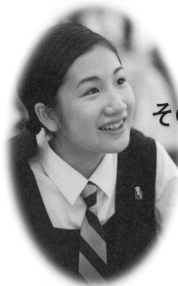

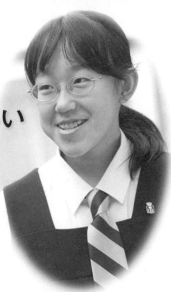

工学院中学校の3年間

Start

中学1年

オリエンテーション合宿（1泊2日）、
移動教室、夏季セミナー

中学2年

鎌倉移動教室、広島・京都修学旅行（3泊4日）、
夏季セミナー

中学3年

語学研修（1泊2日）、
オーストラリア異文化体験研修（20泊21日）

中学全体

強歩大会（4月）、夢工祭（9月）、体育祭（10月）、
合唱コンクール（2月）、スキー教室（3月）

Goal!

**すごい体験の3年間が
待っています。**

~どうぞご来校ください。伸びる理由が分かります。~

学校説明会 会場:本校（予約不要）

第2回	9月10日（土）	14:00～（体験学習）
第3回	10月22日（土）	14:00～（体験学習）
第4回	11月10日（木）	10:00～
第5回	12月 3日（土）	10:00～（入試本番模擬体験）
第6回	1月14日（土）	14:00～（入試直前10点アップ講座）

■学校見学は随時受付中　■詳細はHPをご覧下さい

スクールバスが開通します。

京王線**北野**駅
JR**八王子**駅 より

※JR・西武拝島駅よりスクールバス運航中

工学院大学附属中学校
JUNIOR HIGH SCHOOL OF KOGAKUIN UNIVERSITY
〒192-8622 東京都八王子市中野町2647-2

TEL 042-628-4914
FAX 042-623-1376
web-admin@js.kogakuin.ac.jp

八王子駅・
拝島駅より
バス

http://www.js.kogakuin.ac.jp/junior/または「工学院大学附属中学校」で検索

2012年度　説明会日程

学校説明会

- 10月８日(土) 10:00~11:00
- 11月12日(土) 14:30~15:30
- 11月22日(火) 19:00~20:00
- 12月10日(土) 14:30~15:30
- 1月9日(月・祝) 13:30~14:30

入試問題解説会

- 11月12日(土) 13:30~14:30
- 12月10日(土) 13:30~14:30

入試体験会

- 1月9日(月・祝) 14:30~15:30

文化祭

- 9月24日(土) 10:00~15:00
- 9月25日(日) 10:00~15:00

※個別入試相談コーナーあり

佼成学園中学校

〒166-0012　東京都杉並区和田2-6-29　TEL：03-3381-7227（代表）　FAX：03-3380-5656

http://www.kosei.ac.jp/kosei_danshi/

夢をかたちに

●学校説明会（予約不要）

第2回　**9月17日**（土）**10：00～12：00**
第3回　**10月29日**（土）**10：00～12：00**

●学院祭　**10月 1日**（土）・ **2日**（日）

《受験希望者は入場券がなくても入場できます》

●平成24年度中学部入試要項（抜粋）

	入試日	募集人員	入試科目
推薦入試	12月 1日(木)	約40名	4科
第1回入試	1月21日(土)	約100名	4科
第2回入試	2月 5日(日)	約20名	4科

●学校見学　**毎月第1・3・5土曜日10：00～**

《要電話予約：047-322-7770》

学校法人　平田学園

国府台女子学院

〒272-8567　市川市菅野３丁目24－１

中学部　**TEL：047-322-7770**
FAX：047-322-6611

http://www.konodai-gs.ac.jp/

受験まで あと 100日

いまなぜ私立中学なのか

◆首都圏私立中学受験事情
◆2012年の中学入試予測

森上教育研究所 所長　森上展安

首都圏私立中学受験事情

子育ての状況が変化している

ここに来て子育てをめぐる状況が激変しました。

たんなる不況というより、今日の資本主義の仕組みを支えるお金そのものの信用が揺らいでいるうえ、未曾有の大災害の影響から解放されていません。

とても安定からはほど遠い状況なのですが、その不安はいずれも目に見えないのと、まだ日常が平和裡《り》にまわっているので、それに流されて生きていかざるを得ないような状況といったらよいでしょうか。

起こる確率の高い余震、あるいは大地震に対して備えるべく、身のまわりのことに対処することはできても、大不況を受けての方針といっても立てようがないのが実情です。

それでもその実情に照らして現状を見れば、公立小学校、公立中学校における教育状況の改善は、公共政策的には、教える内容を「ゆとり教育」以前に戻す、ということがこれから行われる、ということが決まっているだけなのです。

しかし、子育ての実態から言えば、これだけ英語が話せて書けなくてはいけない、コンピュータができなくてはいけないと言われながら、韓国のような徹底した公共政策は取られていません。それどころか新しい学習指導要領にしても英語週3時間+外国語1時間は変わらないのです。公立小学校における英語の指導はまったく準備不足を否めません。

いまの状況では、国民各自が独自に英会話やコンピュータを専門学校に行って、高い費用を支払って身につけなければならないというのが現状です。

就職が厳しい、と言われますが、いわゆる難関大学出身者についてはこれまでと変わらないという状況があります。一方、入りやすい大学、普通の大学を出ただけでは、大企業があまり採用しないことはかなり知られた事実になりつつあります。

だからこそ難関大学に入れたい、という流れになるのは当然かもしれません。いや入らなければ年収400万以下の生活になり、結婚さえままならないのが現実です。

私立中学ニーズはいまだ健在

こうした切実な子育て事情に対して、親としては私立中学で英語が話せるように、また、書けるように、あるいは読めるように、聴けるようになってほしい。さらに難関大学に進学できるようになり、コンピュータなどITが操作できるように、と考えることになるでしょう。

そのためにこそ覚悟をして私立中学に進学させようとするのです。

近年そのニーズが落ちているように見えるのは、その費用を支払う余裕がないからにすぎません。いわゆる公立志向の強まりは私立志向の代替需要にほかならないということから目をそむけてはならないでしょう。

現在、上位校へのニーズ低下は起きておらず、いま起きつつあるのは中下位校ニーズの減少です。

それは中下位校が、中下位校であるゆえの難関大学合格実績に乏しいからにほかなりません。

しかし、一部の中下位校は実績を飛躍的に伸ばして進学実績をあげつつあります。そこを見逃してはなりません。

そうした学校には「中下位校でさえ」ではなく、「中下位校だからこそ」人気が集中しているのです。

もう1点、中下位校で人気のある学校で見逃がせないのは「自己肯定感のもてる教育状況を発揮する学校」です。

公立小学校から公立中学校にあがって最も親が注意しなくてはならないのが、この自己肯定感の充実ですが、公立中学校には、さまざまな点で不安があります。いちばんの問題は、なんらかの問題行動があった場合の対応なのですが、その結果として自己肯定感が損なわれはしないか、ということなのです。

もちろんこの点では、私立中学にあっても、各中学の成績下位の場合には同じことが起こる可能性が考えられます。

逆に言えば、成績が中下位であるのに上位校に入ってしまうと、世間的な体裁はよいにしても、内実はむしろ公立中学に行って上位成績を収めた方がよいことになりますね。

ただ、私立の中下位校は公立中学とちがって、まさに中下位校であるがゆえの、さまざまな課題解決策を提示します。それができることが公立にない強みなのです。

こういう学校の生徒は、個々の才能によって強みを発揮もでき、学校全体の営みによって励まされもします。そのいずれにも中下位校が一人ひとりの生徒に働きかけ、その個性に注目し、自己肯定感を育む姿勢を明確に打ちだせば、音楽、体育、美術、工芸、語学、あるいは物理、化学、生物、地学、数学など、強みを強みとして打ちだすことができます。

　つまりユニークネスに徹する、一人ひとりの個性によりそうことが私立の強みであり、いわゆる中下位校にあっては彼ら彼女らの生徒一人ひとりの課題に焦点を合わせてあげられる利点があります。

　ひとつのことに自信を持てば人生は変わります。私立中下位校はまさにそういった指導ができることで、ほかにない教育ができるのです。

　高校私立では中下位校は実務中心になります。

　中学私立ではもっと広くスタンスをとって教養やその基礎的な学問的興味、関心の拡大、手法の獲得（たとえば本読みがうまくなる、読書が早くなる……）に力を入れようということになります。要はやる気がでなかったから中下位の成績にとどまったのであり、いかにやる気を起こさせるか、が中下位校のノウハウになります。

私立中高一貫校の成り立ち

中高一貫校の首都圏の事情についてもう少し詳しく触れます。

　中高一貫校は、私立学校が先行して中等教育機関として明治時代に産声をあげました。その当初からミッション校が東京・築地など外国居留地に設立されて人気を博し、これへの対抗文化として学習院あるいは仏教系の中等教育機関が生まれ、大正期の中流階級の形成とともに都市部にリベラリズムを基調とする今日にも残る多くの中等教育学校ができ、一方で、いわゆる官立の旧制高校（ナンバースクール）が準備されていきました。

　戦後は、公立の新制中学がいわば配給制のごとくに一定区域ごとに新設され、自由公募の旧制中学から移行した新制私立中学と並立することになりました。しかし、公立新制中学が無償であったのに対し、旧制中学から移行した私立中学は戦前からの独立自営を余儀なくされ、戦後のベビーブーマーの高校進学を境にやっと私学助成が整備されて今日にいたっています。

　とくに近年は少子化が激しく進行しているため、有名大学法人による中等教育機関の拡大が鮮明になっており、こうした有名大学附属と、難関国立大へ大量に進学させる、進学有名校が序列の上位として人気があります。それは、すなわち難関大学や私立有名大学へのメインルートとしての人気といえます。

いま私立校が担うべき役割

　しかし、戦前からの中等教育機関がそうであるように、中等教育は思春期の人格形成がその中核の使命であるため、公立中高一貫校と異なり（ちなみに公立一貫校は法的に近年整備されたが、その目的としてうたわれたのは受験競争を緩和する〝ゆとり〟をもたらすものとして設立された）、男女別学、宗教教育が大きな特色でした。ただし、少子化で人口減少が起き、別学制の維持は難しくなりつつあり、宗教人口も世代交替で大幅に減少しつつあります。私学のあり方は、いままさに変化のただなかにあります。
　そのなかで過去10年ほど私立中学の第2次ブームを形成したのは、公教育の学習指導要領が「ゆとり教育」を標榜して大幅な（約2学年ぶん）指導内容の削減を実行したために、大学受験成功という教育のメリトクラティック（能力主義的）な機能が公立ルートでは危機に瀕したからでした。それを尻目に、私立の中高一貫校の改革努力もあって私立の人気が急上昇したのです。

しかし、現在は世界的な経済不安のなか、所得層の格差が大きくなり、いわゆる中間層はかつてのような大きな社会層を形成しえなくなっています。

つまり、親の所得で学歴も大きく異なる実状が今後は生じてきそうです。それ自体、中間層の暮らしにくい世の中であり、私学助成のあり方をこれまでの機関補助（学校に助成金を出す）だけでなく、個人補助（一人ひとりに教育費を支援する）の仕組みを広げなければ、格差を固定化し拡大しかねないと考えられます。

幸い、高校授業料無償化によって、高校からの進路は親の所得による差はつかなくなるようになりつつありますので、もう1歩進めて、私立中学への費用軽減の実現が待たれます。

とくにそれは、私立中下位校に進学する中位成績層が私立中学間の質の競争によってブラッシュアップされ、大学進学でよい成績をおさめ、ひいては社会で活躍することでいきいきとした社会の形成につながるはずです。

シンガポールではすべて国立学校（または国家補助校）で、エリート校と低学力者のリターンマッチ専門校とがありますが、それほど極端にならずとも私立の上位校と、大学でリベンジする中下位校があることで、わが国の中間層を厚くし民主主義の形成に大きく寄与します。

ただ今日の世界はグローバル化しており、日本の大学自体が海外大学との競争にさらされつつあり、社会にでて活躍できる人材養成という点で、欧米の大学には1歩も2歩も遅れをとっている、とされています。

したがって、日本の大学だけに進学させるのではなく広くワールドワイドにスタンスをすえる日本の私立中高一貫校があってよいのですし、事実、それが海陽中等教育学校（愛知）などが生まれてきた背景でもあります。

したがって今日の注目は、こうした日本のおかれている人材養成の先行きに応える内容を持つ中等教育学校であり、その意味では小回りがきき、大胆な方針を打ちだし実現できる私立中高一貫校こそがその要請を担いうるほぼ唯一の存在といえます。

中等教育学校は、人格形成の要の学校ですから、その行う教育によって大きな効果を発揮します。

熱心な教師集団、熱心な父母、これを支えるOBの支援という3つの条件がそろう私立学校は小さな集団ゆえに秘めた大きなパワーがあります。私たち父母は、なにもなにかを犠牲にして難関私立中学高校に行かせることはありません。

むしろ志を同じくする少数の集団で、よりよい子女の教育をする学校に参画する権利を持っている、というべきでしょう。

2012年の中学入試予測

小6人口と塾生数による 2012年の中学入試予測

1　小6人口推移

　中学入試予測を受験者数で行う場合、受験者数予測に影響を与えるファクターは、いろいろあります。そのなかで大きなファクターと考えられるのは、小6の人口、不況、新設中学校、公立中高一貫校、サンデーショックなどです。2012年の中学入試を予測するうえでは、不況の影響が最も大きなファクターですが、不況の影響を明確にするには、小6の人口（卒業年で表示）の影響を特定し、排除しなければなりません。

〈グラフ1〉は、2011年の小6人口（2011年の受験生）を100%として前後の年の小6人口の推移を%で表示しました。2003年～2011年は増加傾向だった小6人口も2011年以降は微減の傾向となります。不況の影響は2009年からでていますが、そのときの小6人口の増減を考慮して不況による受験者数の減少を分析し、2012年の予測に反映させます。

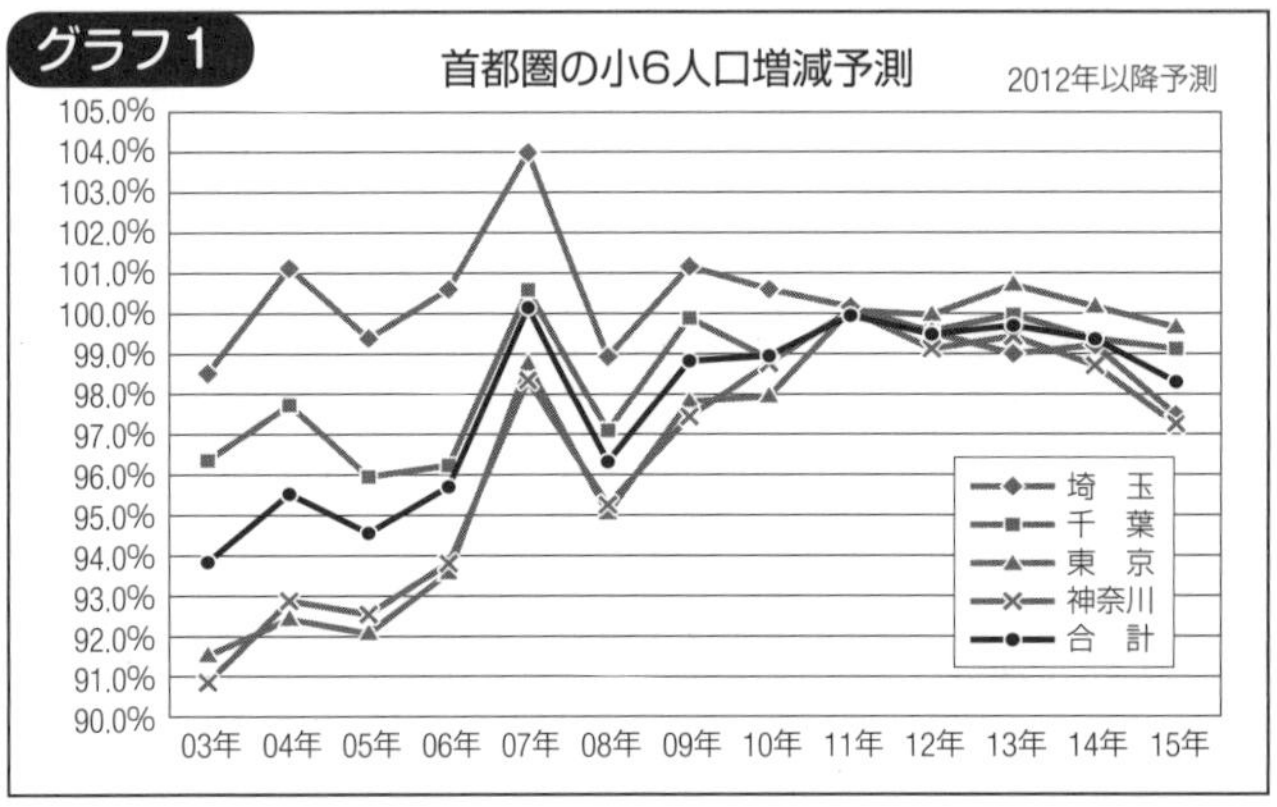

　2012年の小6人口は、首都圏全体では0・5%ほどの微減となります。2012年の小6人口の前年対比は、各地域で差があり、東京±0%は前年と同じで増減はない横ばいですが、神奈川マイナス0・9%・埼玉マイナス0・8%・千葉マイナス0・3%は平均を下回り、前年対比で減少傾向にあります。しかし、この程度の小6人口の減少では、中学受験市場に影響を与えることはないでしょう。2013年以降の小6人口は、同様に予想をしましたが、2013年で微増となった後は全体としては微減の傾向ですが、2015年に大きく減少します。また、〈グラフ1〉から、埼玉と神奈川の減少幅が大きく、東京と千葉の減少幅が小さいことがわかります。

2　リーマンショック後の不況による首都圏中学受験者数推移

　受験者数で中学受験市場を調査するのは、受験生ひとりが複数の中学校を受験するため、実際の受験者数を掌握しにくく、分析しづらいのです。年によってひとりが受験する学校数が異なるからですが、一定の日を決めて、たとえば、東京と神奈川における、入試開始日の2月1日（午後入試を除く）だけで調査すると、1月に入試を行う千葉と埼玉の中学校を分析できなくなるだけでなく、2月2日以降に入試を行う東京と神奈川の有力な中学校も分析できません。そこで、各中学校の最も主要な入試をひとつだけ選び、その入試の

受験者数を分析しました。各中学の主要な入試を代表値として集計することでより精度の高さが担保できると考えました。

また、前に述べたように受験者数は小6人口に大きく影響されますので、小6人口の影響を排除して、2009年~2011年の不況などの影響を分析してみましょう。

◆小6人口の影響を排除した場合

〈グラフ2〉を見ると、2006年から2009年までは、小6人口の増減に呼応し、「主たる入試の受験者数」が増加していることがわかります。また、2008年9月に起きたリーマンショック直後も受験者数は増加しつづけ、2009年入試では、その影響はなかったように見えます。そこで小6人口の影響を取り除き、「小6修正受験者数」を算出してみました。いちばん下にある「小6修正受験者数」のグラフを見ると、明らかにリーマンショックにより2008年で中学入試ブームは終わっており、2009年は、ほぼ横ばいであったことがわかります。

◆公立中高一貫校・2009年以降の新規開校中高一貫校の受験者数を排除した場合

公立中高一貫校を受験する層は、従来の国立私立中高一貫校を受験する層とは異なると言われています。また、2009年以降の新開校中高一貫校の受験者数は全体と比べると割合は少ないので無視してもよいのですが、6年間の推移を見るには、公立中高一貫校とともに取り除き、2006年~2011年の6年間、生徒募集を継続的に行った「従来の国立私立中高一貫校（今後このように呼ぶ)」だけの受験者数の推移表〈グラフ3〉を作成しました。

〈グラフ3〉を見ると、2006年~2009年の4年間は、小6人口と修正前の受験者数は呼応しており、小6人口の影響が大きかったことがわかります。小6人口の影響を除けば、2006年~2008年は、毎年順調に伸びて、2009年は減少となっています。2009年は明らかにリーマンショックによる影響が見られます。

グラフ2 首都圏公立小6人口と最主要入試の全中学受験者数　6年間実績

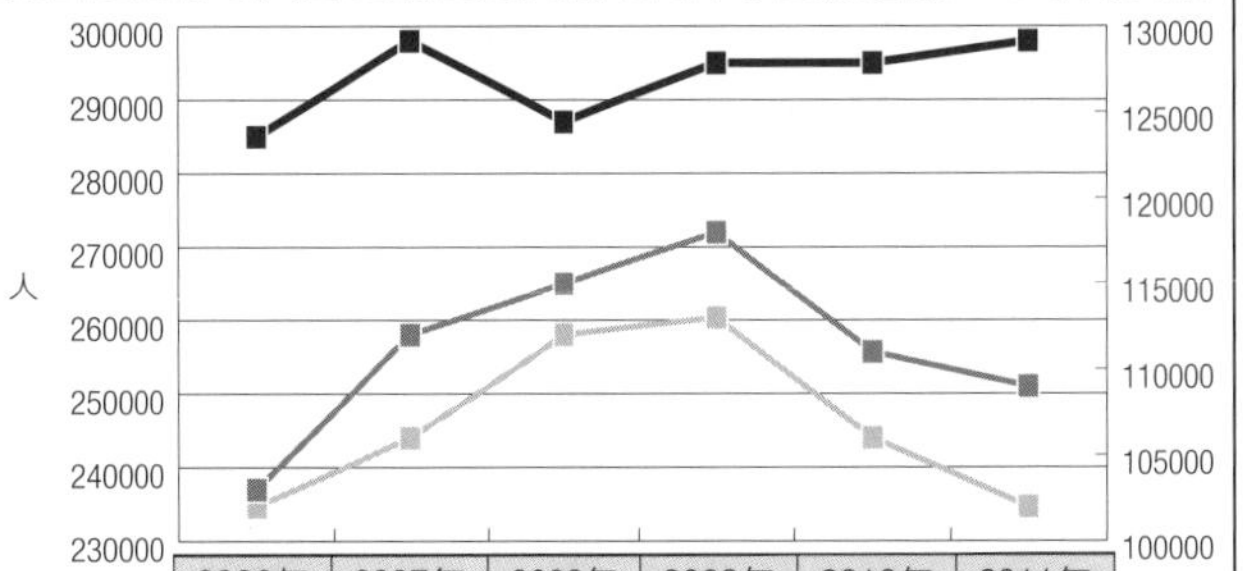

	2006年	2007年	2008年	2009年	2010年	2011年
小6人口（卒業年）	285744	298875	287540	294990	295231	298410
主たる入試の受験者(目盛り右)	103476	112395	114631	118548	111219	108726
小6修正受験者数(目盛り右)	102238	106172	112553	113459	106358	102866

グラフ3 首都圏公立小6人口と最主要入試の受験者数（過去6年間データのある国・私立）6年間実績

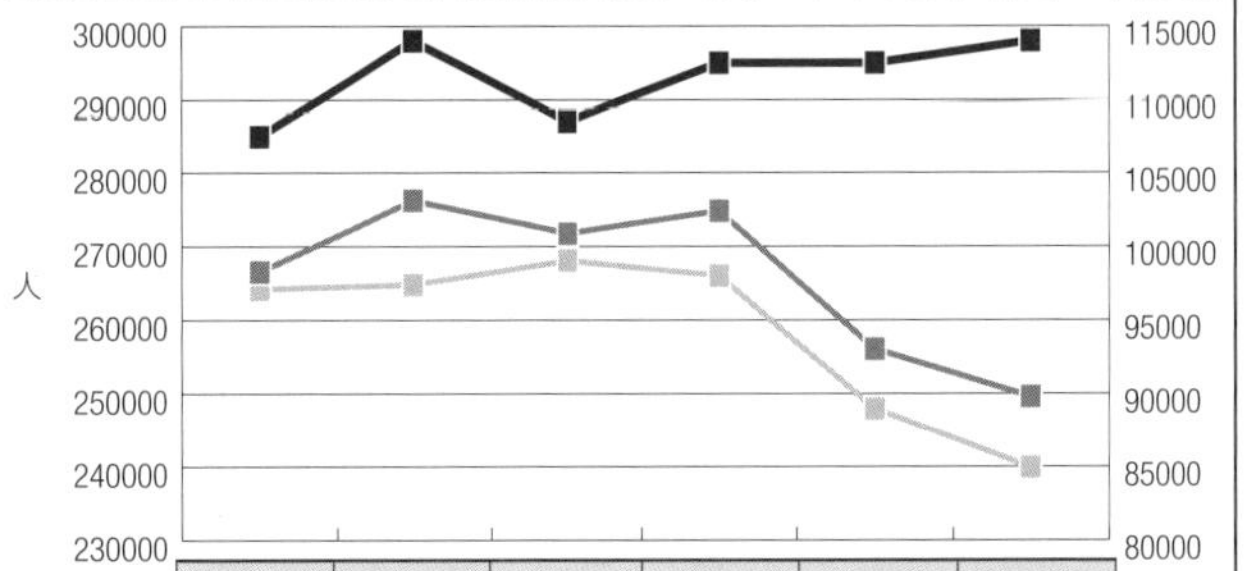

	2006年	2007年	2008年	2009年	2010年	2011年
小6人口（卒業年）	285744	298875	287540	294990	295231	298410
主たる入試の受験者(目盛り右)	98270	103112	100865	102405	93022	89796
小6修正受験者数(目盛り右)	97094	97403	99036	98009	88956	84956

「2009年の受験者数前年対比は100%以上で、2008年と同程度で、リーマンショックによる影響はなかった」と思われていますが、それは小6人口の増加と公立中高一貫校の受験者数の増加によるもので、明らかにリーマンショックの影響で受験者数減少が見られます。

3 学校種類別の首都圏中学受験者数推移

〈グラフ3〉で取り除いた、2006年以降の公立中高一貫校と2009年以降の新規開校中高一貫校は、全体の受験者数にどれだけ影響があったかを調べてみます。とくに公立中高一貫校の受験者層は、入試問題が異なるため「従来の国立私立中高一貫校」の層とちがうのであれば、両方の中学校を同時に受ける受験生は少なく、〈グラフ2〉のように両方の中学校を合算して受験者数を分析しても〈グラフ3〉とは、まったくちがう結果となってしまいます。

〈グラフ4〉は首都圏の受験者数推移を学校の種類ごとにグラフにしたものです。2006年~2009

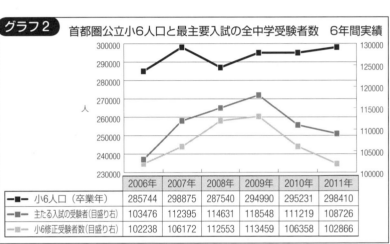

年までは増加していますが、増加の原因は公立中高一貫校の受験者数で、「従来の国立私立中高一貫校」の受験者数はそれほど増加していないことが明確です。公立中高一貫校の受験者数の割合が大きく、しかも増加割合も大きく、全体に影響を与えていたことがわかります。**〈グラフ5〉**では、2009年以降は不況の影響で、受験者数は「従来の国立私立中高一貫校」で減少しますが、新規開校中高一貫校と公立中高一貫校では増加傾向にあることがわかります。多くの受験生が、「従来の国立私立中高一貫校」を受けるわけですから、新規開校中高一貫校と公立中高一貫校を除いて分析する必要があります。

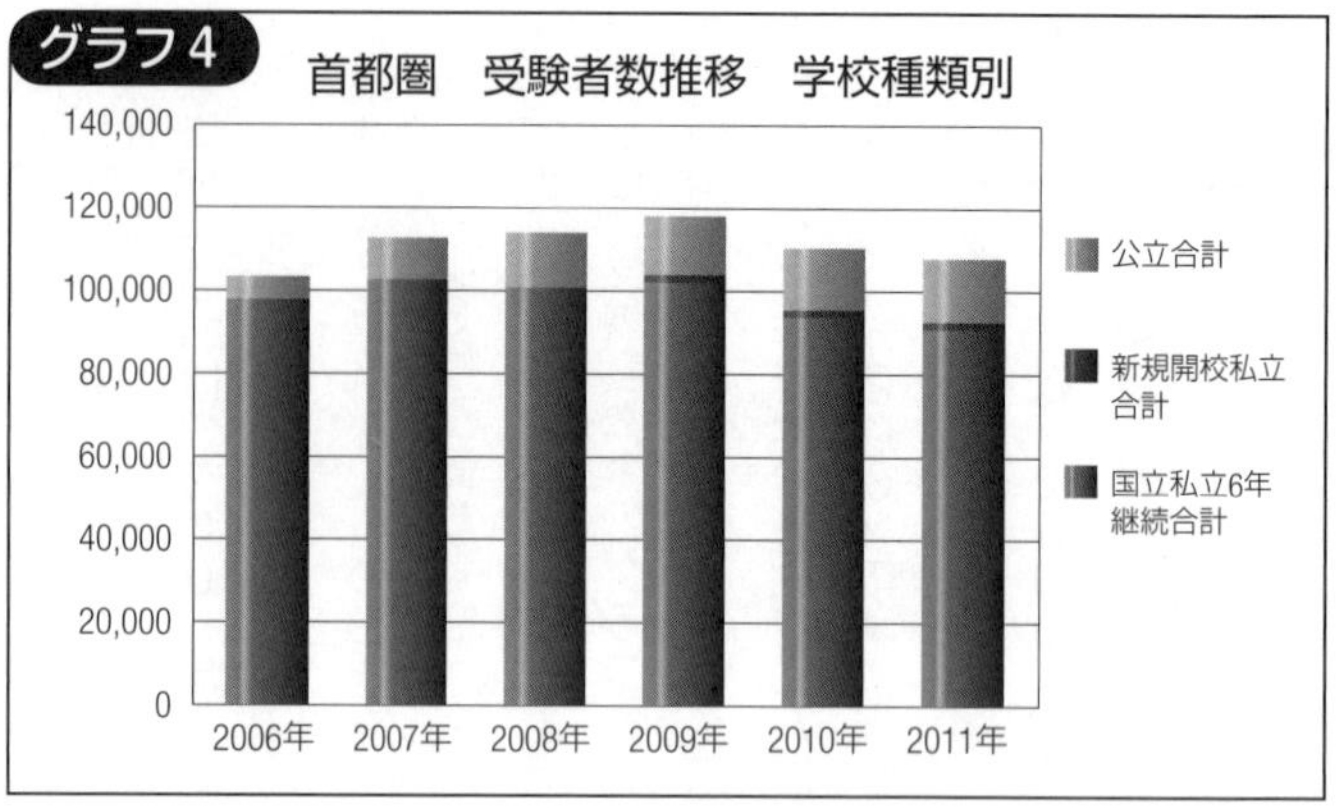

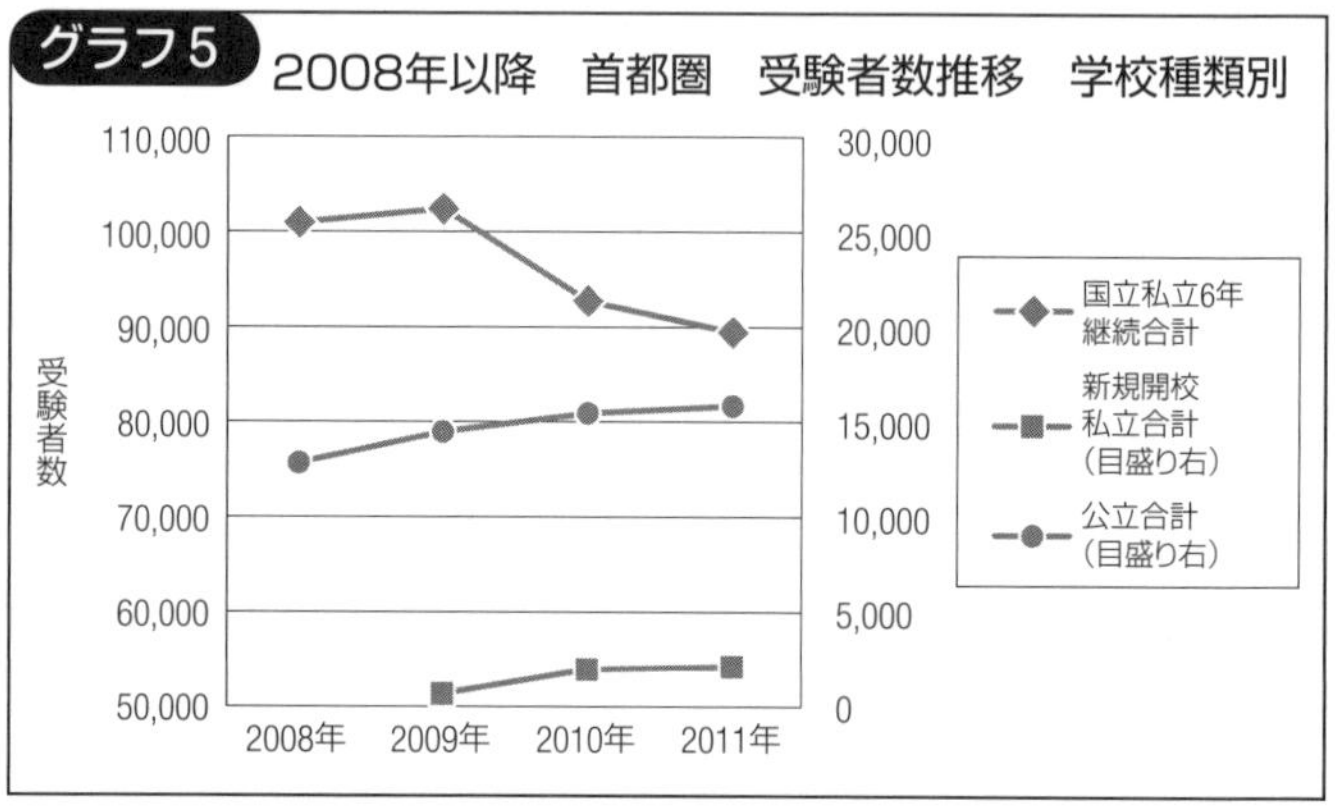

4　学校種類別の首都圏中学合格者数推移

受験者数だけではなく合格者数についても調べてみましょう。ここでの合格者数は、学校が発表する合格者数で、合格者がすべて入学するわけではありません。受験者数が増加しても合格者数が同様に増加するとはかぎらないのです。

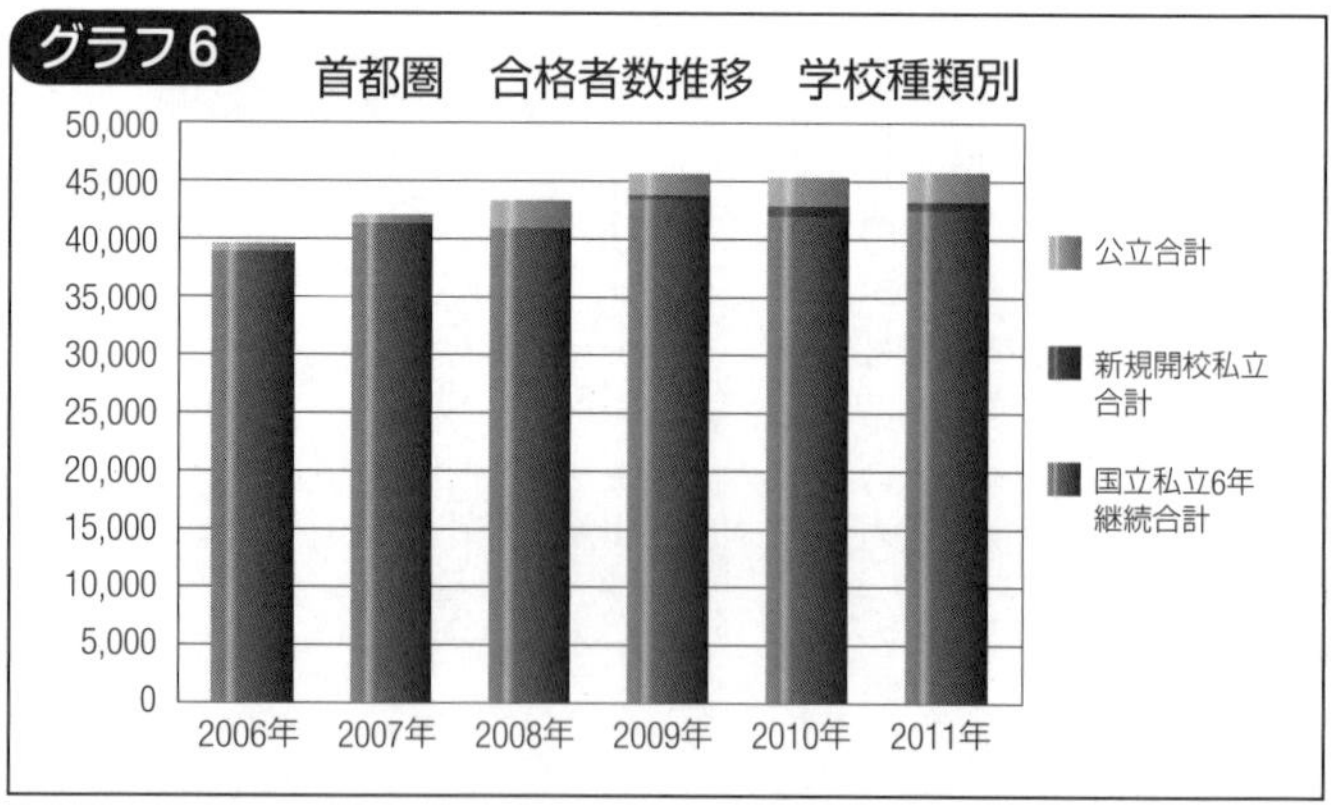

〈グラフ6〉は首都圏の合格者数推移を学校の種類ごとにグラフにしたもので、2006年~2009年までは増加していますが、2009年以降は横ばい状態です。

また、「従来の国立私立中高一貫校」の合格者数に比べ、新規開校中高一貫校、公立中高一貫校の合格者数の割合が小さいことがわかります。

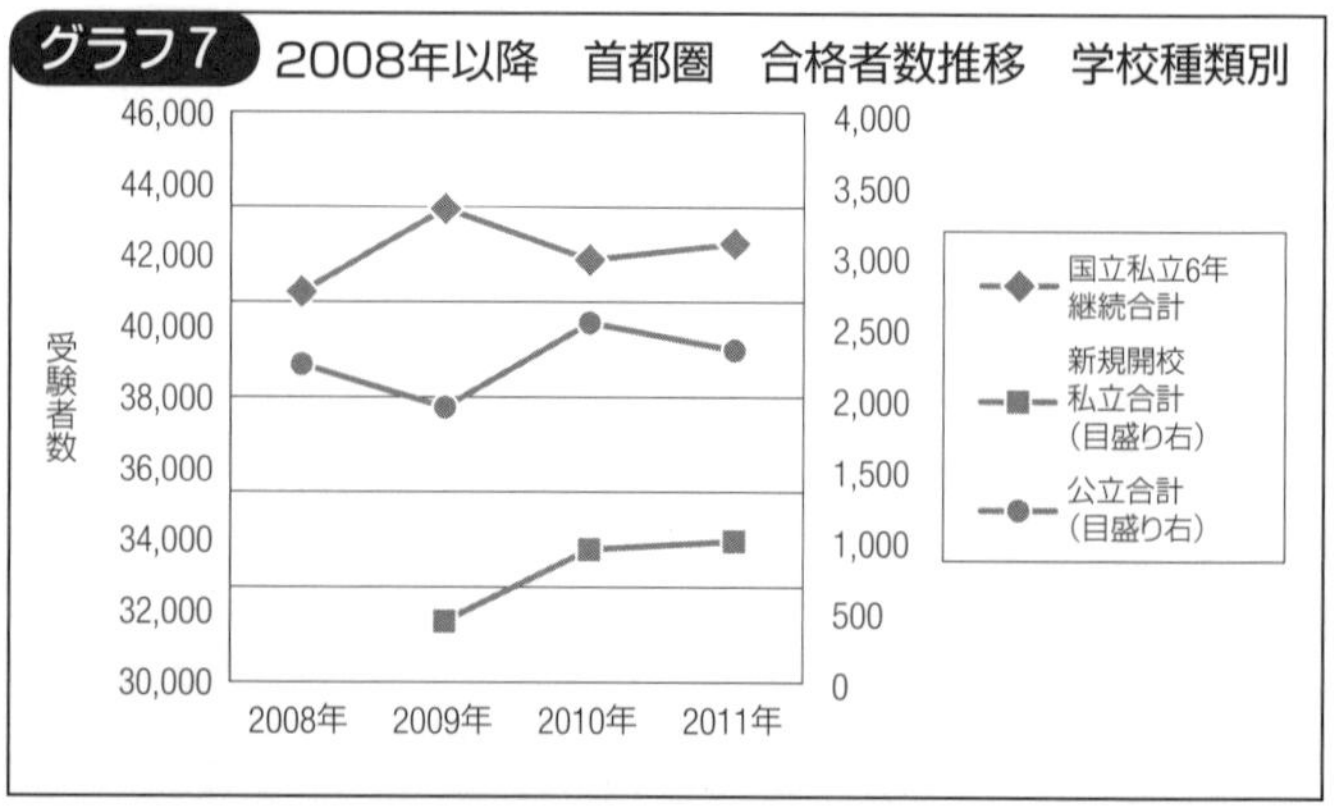

〈グラフ7〉で詳しく増減を確認してみましょう。「従来の国立私立中高一貫校」、新規開校中高一貫校、公立中高一貫校とも、合格者数は増加傾向にあります。新規開校中高一貫校、公立中高一貫校は新規に開校している学校も多く、募集人員自体が増えるので受験者数とともに合格者数が増えるのは納得できます。しかし、2009年以降、「従来の国立私立中高一貫校」の受験者数は減少（グラフ3参照）しているのですが、合格者数は増加傾向にあるというのはなぜでしょうか。

〈グラフ8〉の合格倍率（=受験者数÷合格者数）を見てみましょう。公立中高一貫校は、2007年に合格倍率が約12倍となった後、6・5

グラフ8　首都圏　合格倍率推移　学校種類別

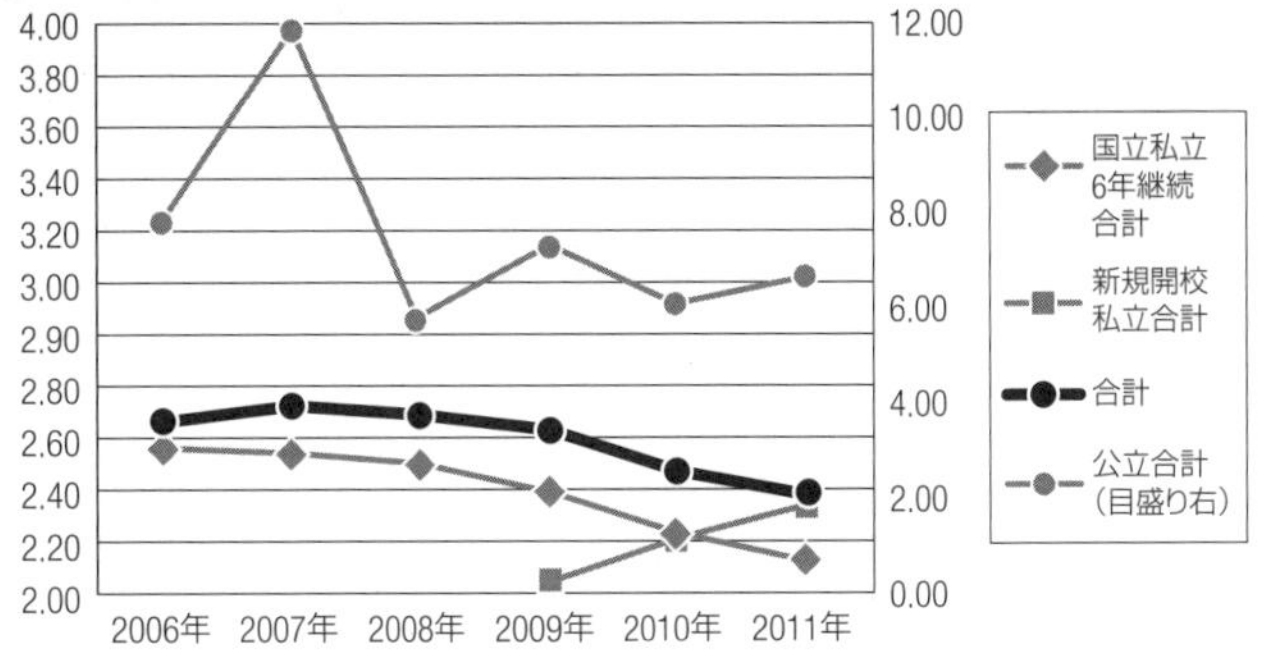

倍程度に収束してきました。2009年以降も不況の影響を受けずに推移しています。新規開校中高一貫校も、2009年以降、2倍以上を増加傾向で推移しています。問題の「従来の国立私立中高一貫校」は、2006年当時、2・5程度あった合格倍率は、減少傾向にあり、とくに2009年以降は減少率が高く、中学受験全体の合格倍率を2・1程度まで減少させています。学校レベルの分析をしなければわかりませんが、合格倍率が低い学校では、募集定員

グラフ9　首都圏　公立小6人口と最主要入試の受験者数（過去6年間データのある国・私立）　実績と予測

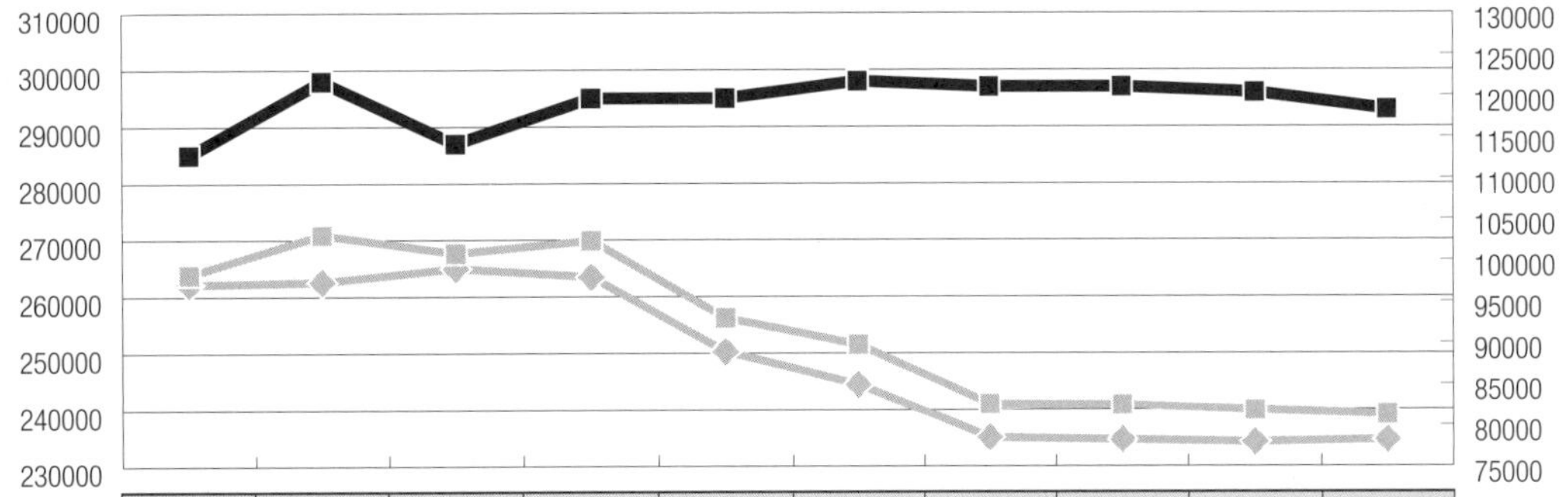

	2006年	2007年	2008年	2009年	2010年	2011年	2012年	2013年	2014年	2015年
小6人口（卒業年）	285744	298875	287540	294990	295231	298410	296950	297664	296387	293397
主たる入試の受験者(目盛り右)	98270	103112	100865	102405	93022	89796	82549	82467	81816	81283
小6修正受験者数(目盛り右)	97094	97403	99036	98009	88956	84956	78484	78218	77935	78216

割れが生ずる恐れがあり、そのため合格者数を増やして募集定員割れを防いでいることが考えられます。

5　2012年の中学入試予測

森上教育研究所では、バブルの崩壊以降の中学受験者数動向から、今回のリーマンショックによる受験者数への影響をシミュレーションし、2012年の中学入試予測を作成しました。全体の学校から公立中高一貫校や新規開校中高一貫校の受験者数を除いた「従来の国立私立中高一貫校」で分析しました。さらに小6人口の影響を除いた分析も行いました。

〈グラフ9〉では、公立中高一貫校や新規開校中高一貫校を除いた「従来の国立私立中高一貫校」の2012年受験者数を予測しました。小6人口の影響も考慮しない場合は、8・1%の減少の8万2549名（小6人口で修正すると7・6%の減少の7万8484名）となります。また、2013年以降の予想は、バブルの崩壊後のデータから、ほぼ横ばいとなります。これは、バブルの崩壊後、4年目に受験者数が激減した後、長期にわたり、受験者数は回復せずに横ばいとなったデータを使用したためです。

また、8・1%の受験者数減少の裏づけとしては、2011年4～7月の首都圏中学入試用合同説明会の参加者数が前年対比で10～20%減少していることがあげられます。4月当初は大震災の影響で、参加者が出遅れているという情報でしたが、7月になっても状況は変わっていません。

さらに、一部の塾からは小6が前年対比で10%程度減少しているという情報もあります。塾で小6が激減した具体的な理由として考えられるのは、リーマンショックが起きた翌年の2009年1～3月は、とくに小4の入塾者数が少なかったということでした。一度入塾する機会を失うと、翌年入塾するとはかぎらず、中学受験自体を諦める受験生・保護者が増えることも考えられます。2012年の入試では、当時の4年生が6年生となって、その影響を受け

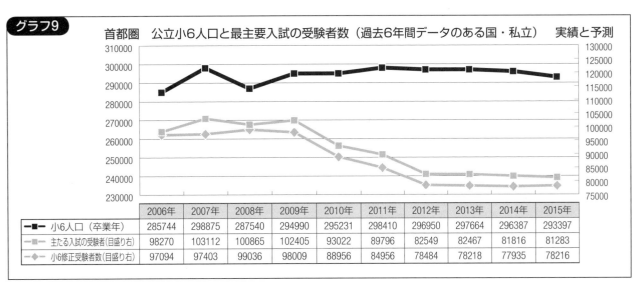

て受験者数が激減する可能性が高いのです。中学受験では4年生入塾割合が最も大きく、2011年の中学入試よりも、さらに受験者数が減少することを予想されていました。つまり、志望校が入りやすくなり、2012年入試は、受験生にとっては自分の実力よりも上位の学校がねらえるチャンスとなる可能性があります。

「従来の国立私立中高一貫校」受験者数データの詳細な分類による分析

2011年中学入試全体では、受験者数は3・3%程度の減少でしたが、所在地、学校種別、学校ランクによっては、増加している学校もあれば、30%以上の大幅な減少している学校もありました。2012年中学入試予測についても詳細に分類して分析しなければ、明確な予測とはなりません。2009年〜2011年の小6人口は微増で、受験者数の分析にはあまり影響はありませんので、グラフは小6人口で修正しないデータを使用します。

A 所在地

1 受験者数推移

〈グラフ10〉を見ると、神奈川と東京は、全体的になだらかな減少傾向で、千葉と埼玉は、2007年をピークに2009年のリーマンショックで2010年に急激に減少しています。2011年も受験者数の減少率は神奈川や東京と比べても大きいようです。千葉と埼玉は、不況に弱い傾向があり、2012年入試でもその傾向はありそうです。

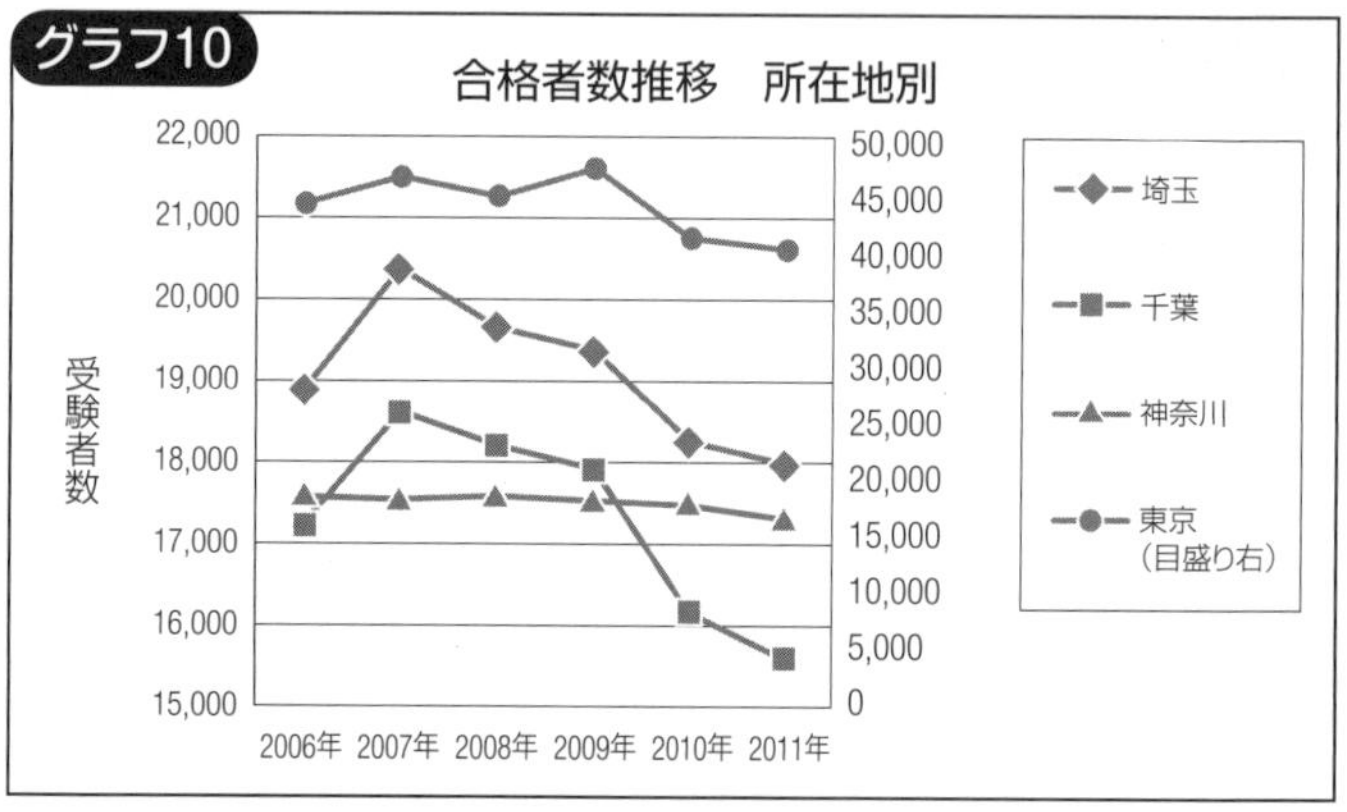

2 2006年を100%としたときの受験者数推移

〈グラフ11〉の2006年を100%としたときの受験者数推移を見ると、神奈川を除き2007年入試で増加し、2008年入試で減少していることがわかります。リーマンショック直後の2009年は、東京だけが受験者数の増加が見られますが、2010年以降は埼玉を除き、90%のところに収束しています。年ごとに学校の所在地で多少の相違はあるようですが、最終的には、受験者数推移の傾向は等しく、同じくらいの減少率になっています。2012年入試でも、中学入試を取り巻く環境に変化はないので、2010年や2011年と同じような傾向が表れるはずです。つまり、2012年は埼玉が激減し、他県と同じような減少率となることも考えられます。

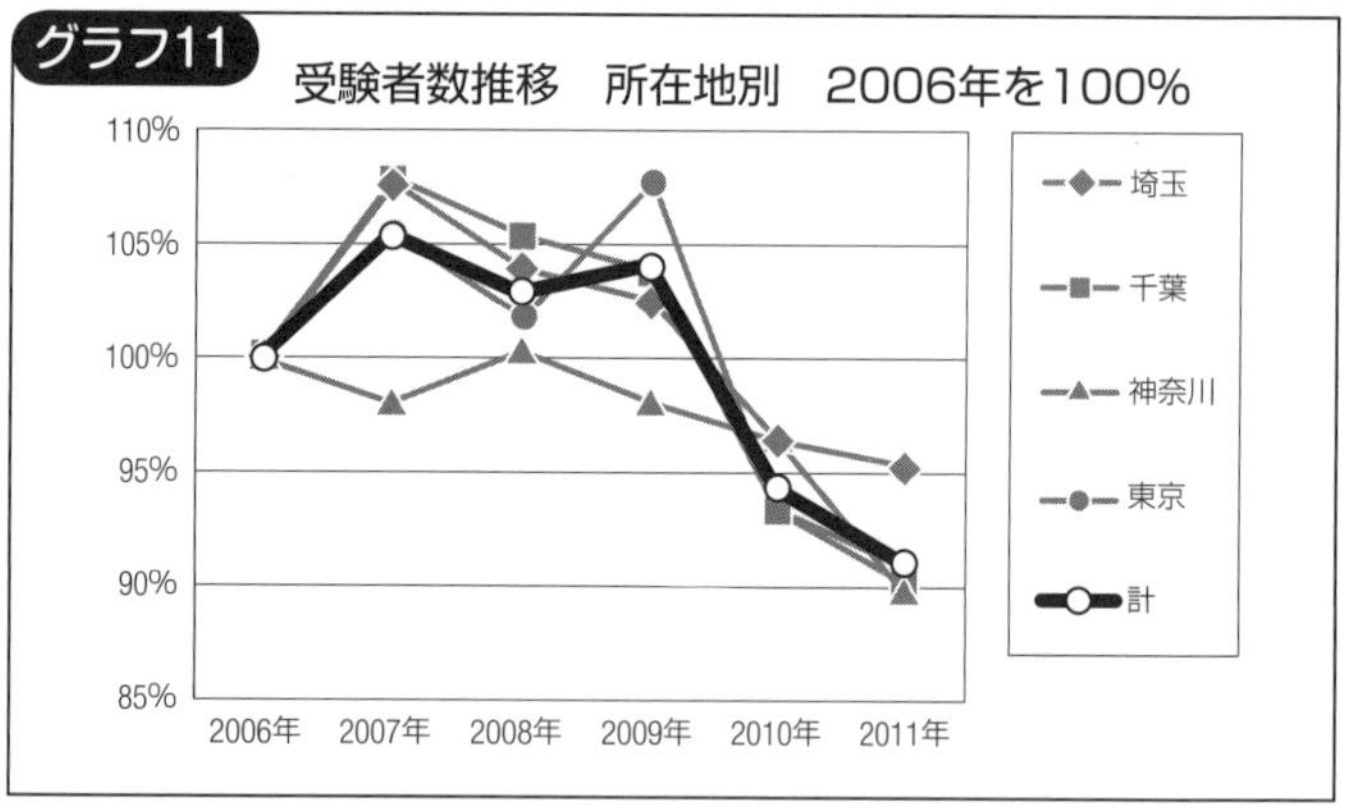

3-1 2008年を100%としたときの受験者数推移

リーマンショックの影響を探るために2008年の受験者数を100%として分析します。〈グラフ12〉に注目すると、2009年の東京が前年対比で増加している点と201

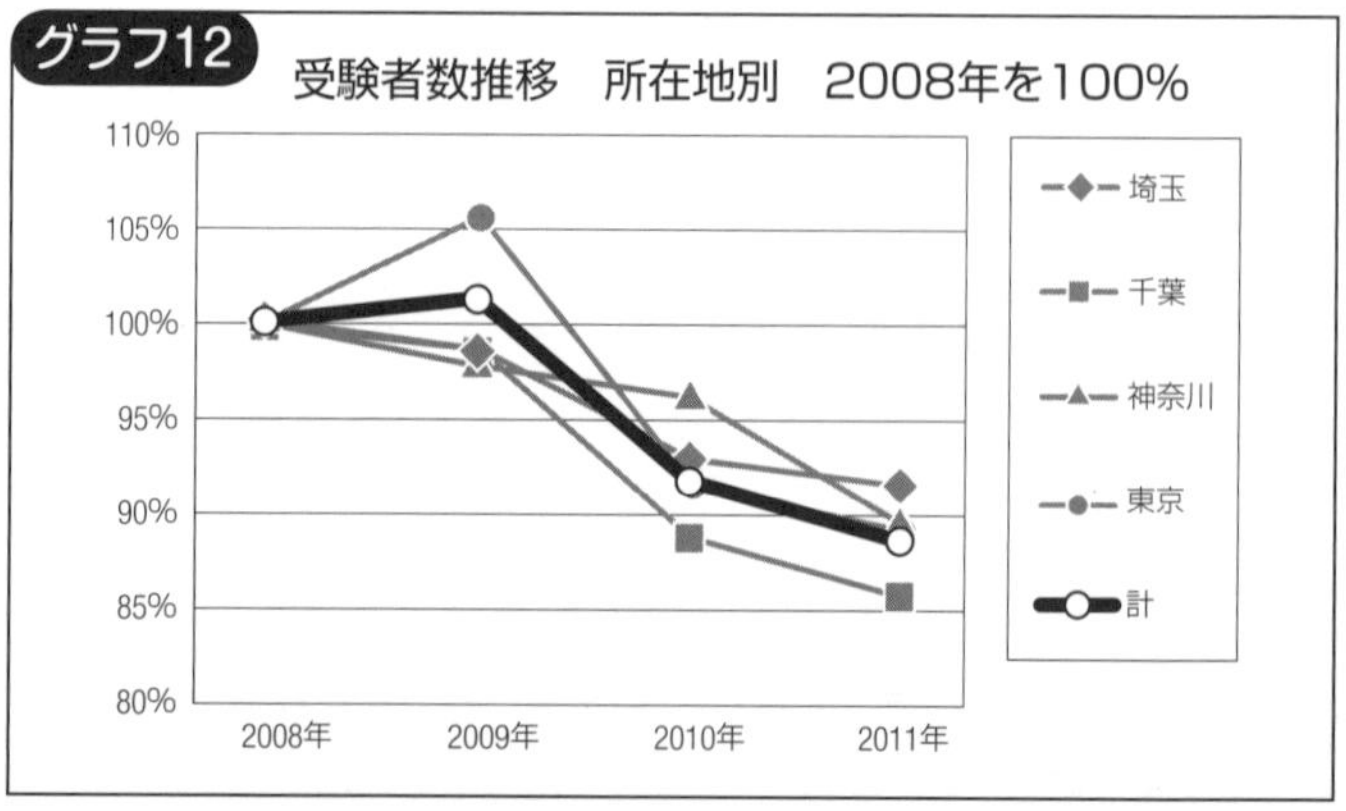

1年では埼玉の減少が少なかったことと千葉の減少が大きかったことがわかります。この傾向がつづくことは考えられますが、そうなると、〈グラフ10〉〈グラフ11〉で述べた埼玉のコメントと反駁《はんぱく》します。

3-2 2008年を100%としたときの東京受験者数推移

2009年の受験者数が増加した東京を分析してみましょう。東京を「北東部東京」、「それ以外の23区」、「三多摩」にわけてみると、明確に「それ以外の23区」で受験者数が増加していることがわかります。「それ以外の23区」では、リーマンショックの直後でも、9%程度の受験者数の増加で、東京を6%程度の増加に押しあげていたのです。しかし、「北東部東京」と「三多摩」では、首都圏の平均と同じ3%程度減少しています。2012年入試でも不況時の傾向として、「それ以外の23区」は強みがあると言えます。

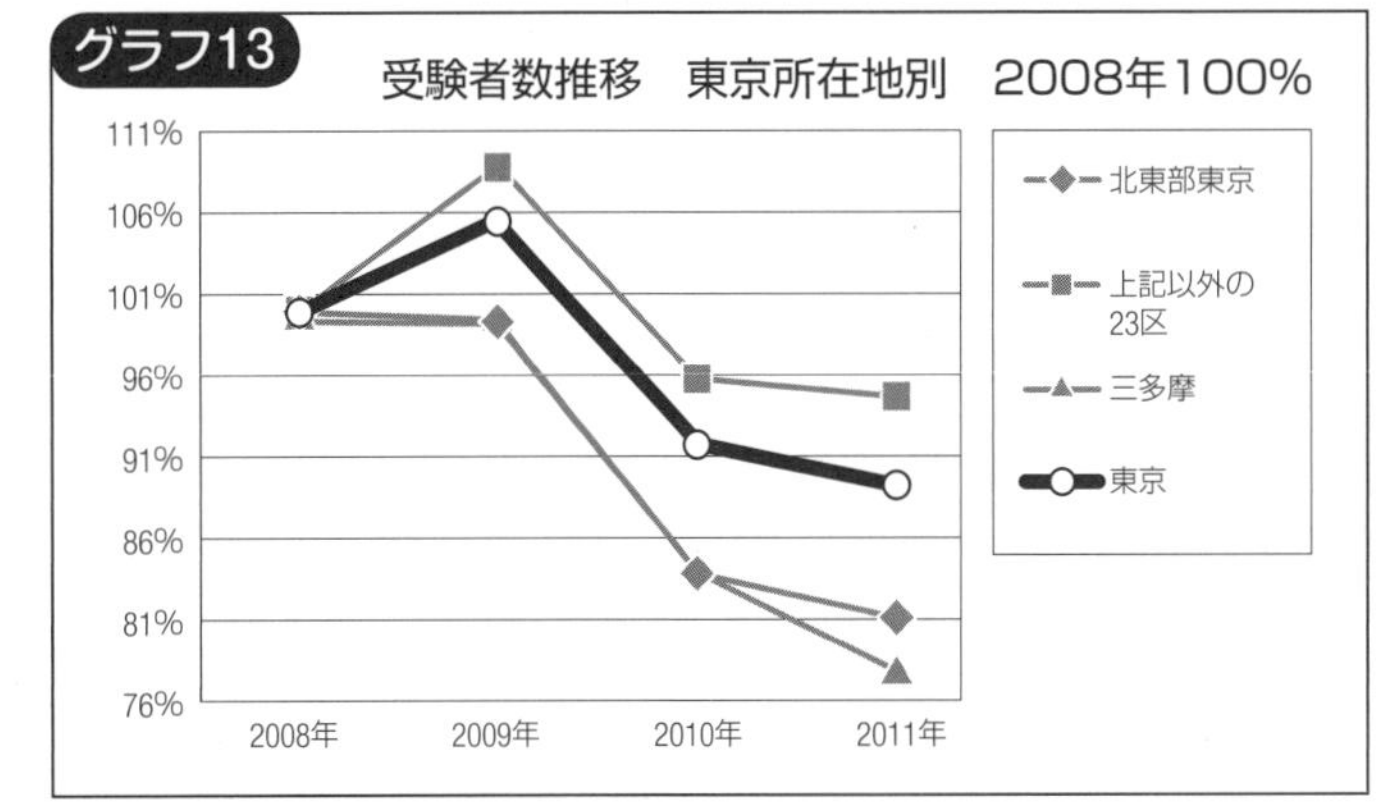

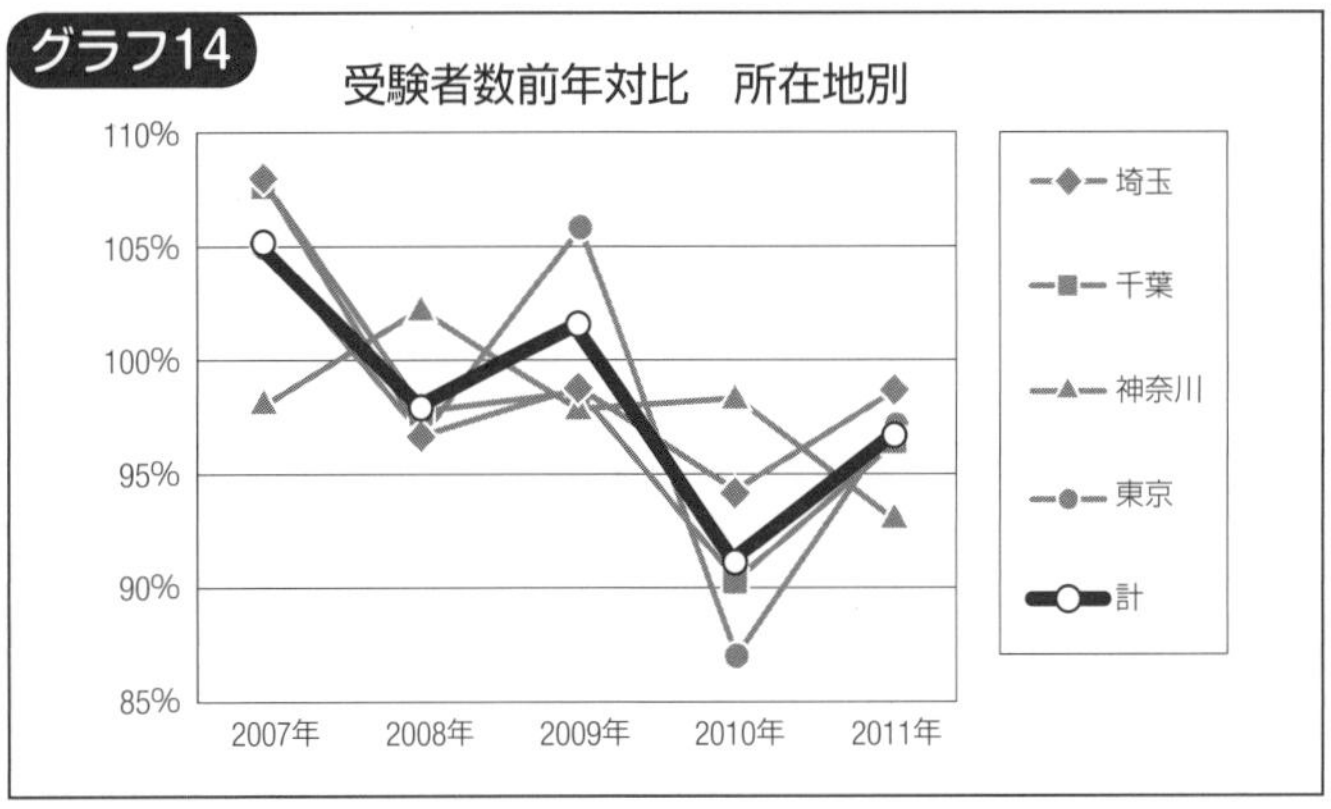

4 受験者数　前年対比推移

〈グラフ14〉を見ると、全体の合計では、2007年以降、受験者数の前年対比は隔年現象で増減しながら、減少傾向となっています。

リーマンショック直後の2009年入試に注目すると、全体の合計では受験者数前年対比はプラス2%程度で、予想に反してマイナスにはなりませんでした。原因のひとつは、前に述べた「小6人口の影響」で〈グラフ3〉を見ていただければ明確で

すが、もうひとつの原因は、前に述べたように東京の受験者数が6％程度の増加にありました。

　バブルの崩壊直後、関西地域では受験者数が激減したなか、首都圏の受験者数前年対比は3年間も100％を上回って増加していました。当時、首都圏の受験者数前年対比が激減したのは4年目になってからで、今回のリーマンショックでは4年目が2012年にあたります。つまり、来年は受験者数が激減する可能性が高いのです。しかも、隔年現象では2012年は谷となっており、ますます首都圏の受験者数前年対比が激減する可能性は高いと考えられます。

　そのなかで、受験者数前年対比の山と谷が各所在地と逆になっているのが神奈川で、最も受験者数前年対比の減少が大きかった2010年にはプラスにこそなりませんでしたが2％程度の減少と最も少なかったことがわかります。しかし、翌年の2011年は他の所在地では、受験者数前年対比の減少が小さかった局面で神奈川だけが、大幅に減少しました。隔年現象を考えると、神奈川だけは、2012年の受験者数前年対比が山となって、受験者数の減少が少なくてすむことが予想できます。

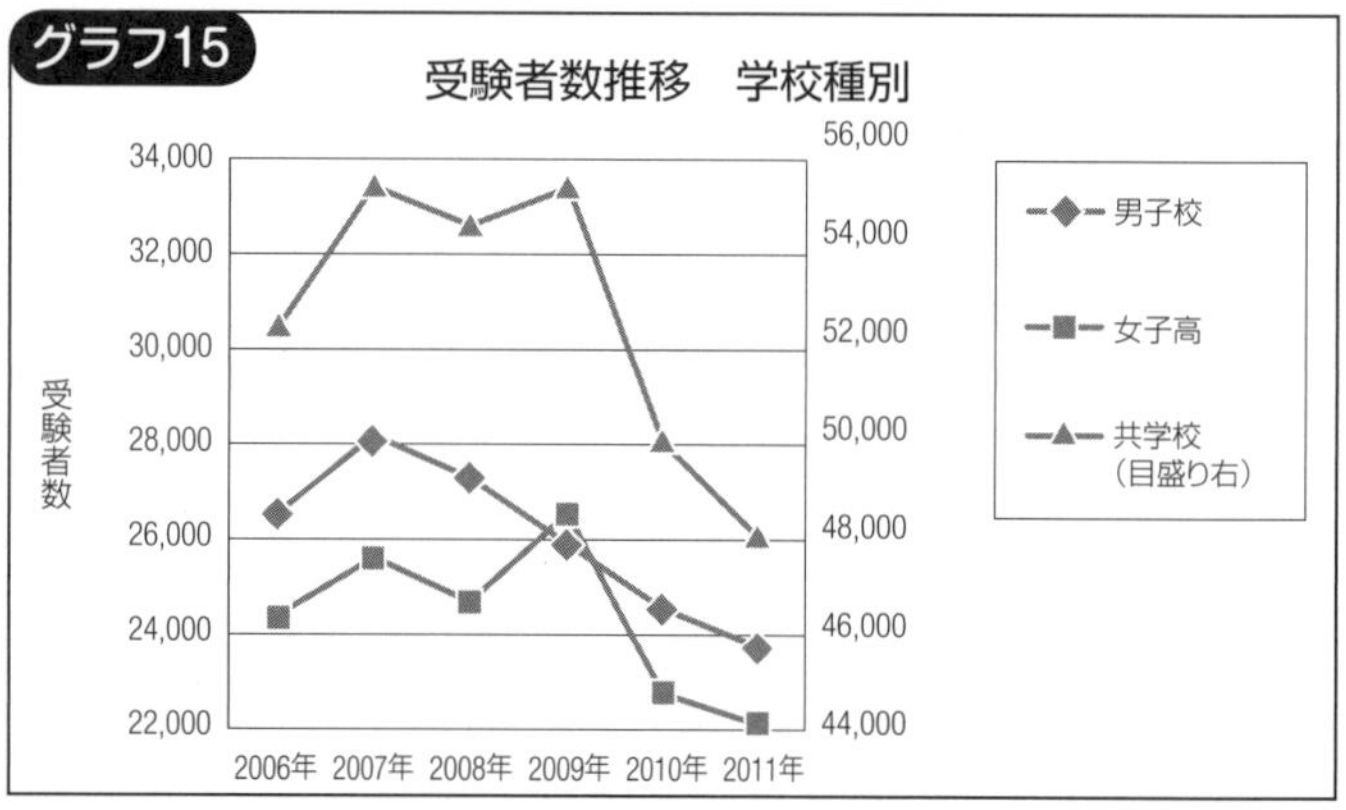

　隔年現象は小6人口で修正しない方がきれいに現れるようです。神奈川を除き、奇数年の2007年、2009年、2011年は増加し、偶数年は減少となっています。東京は振幅が大きく、埼玉は小さい傾向が見られます。来年は減少する可能性が高く、グラフから見ると8～10％の減少の可能性が高いことがわかります。これは、**〈グラフ9〉**のところで取りあげたバブルの崩壊からのシミュレーションによる予測とも一致します。

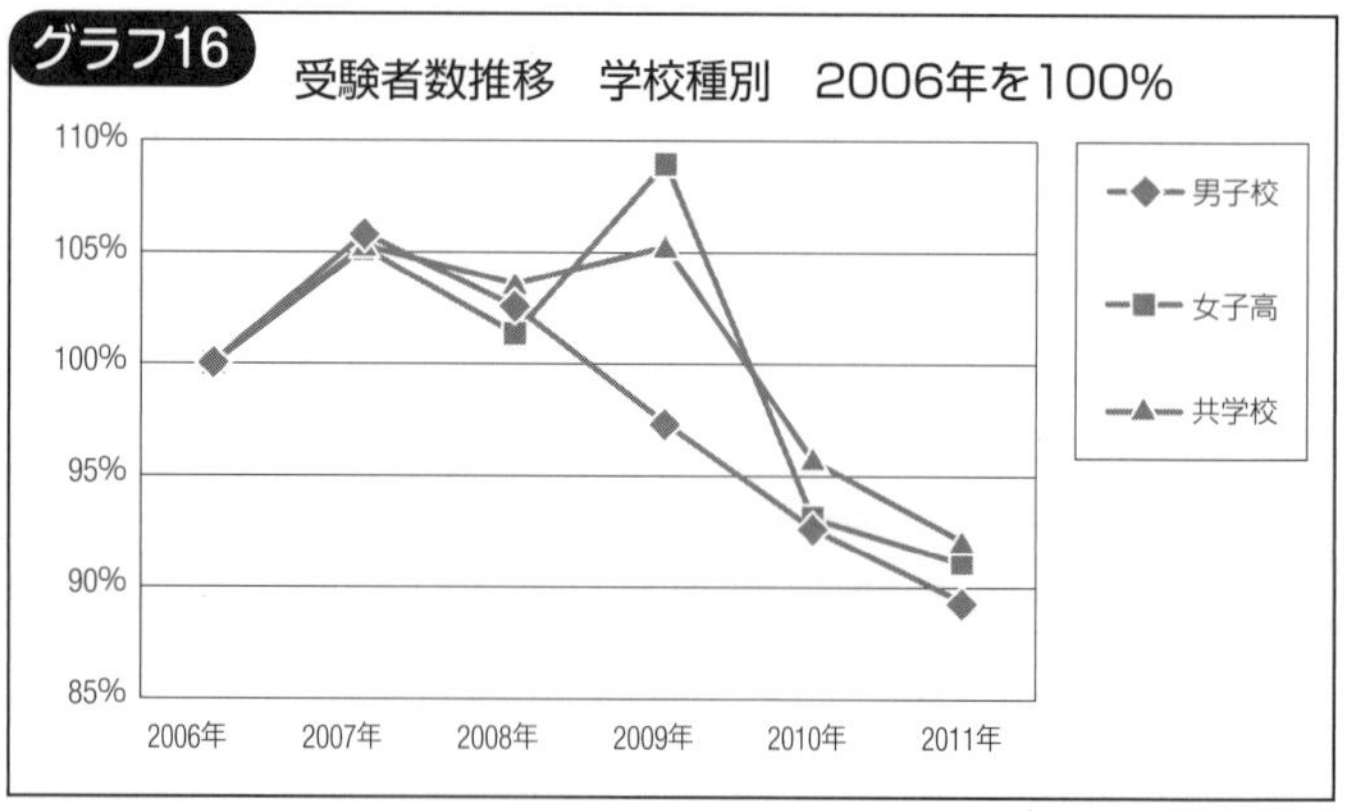

B 学校種別

1 受験者数推移

〈グラフ15〉を見ると、2009年の女子校で、受験者数が増加しています。学校の所在地では、東京の北東部東京以外の23区で2009年にリーマンショックの直後に受験者数が増加したことと一致します。つまり、2009年に北東部東京以外の23区の女子校で受験者数が増加したことになり、その原因は、サンデーショックということが考えられます。2月1日が日曜日となり、人気のあるキリスト教系の女子校が入試日を変えたため、ひとりの受験者がその年だけは受験できる学校が増えたのです。つまり実質的な受験者の増加ではありません。

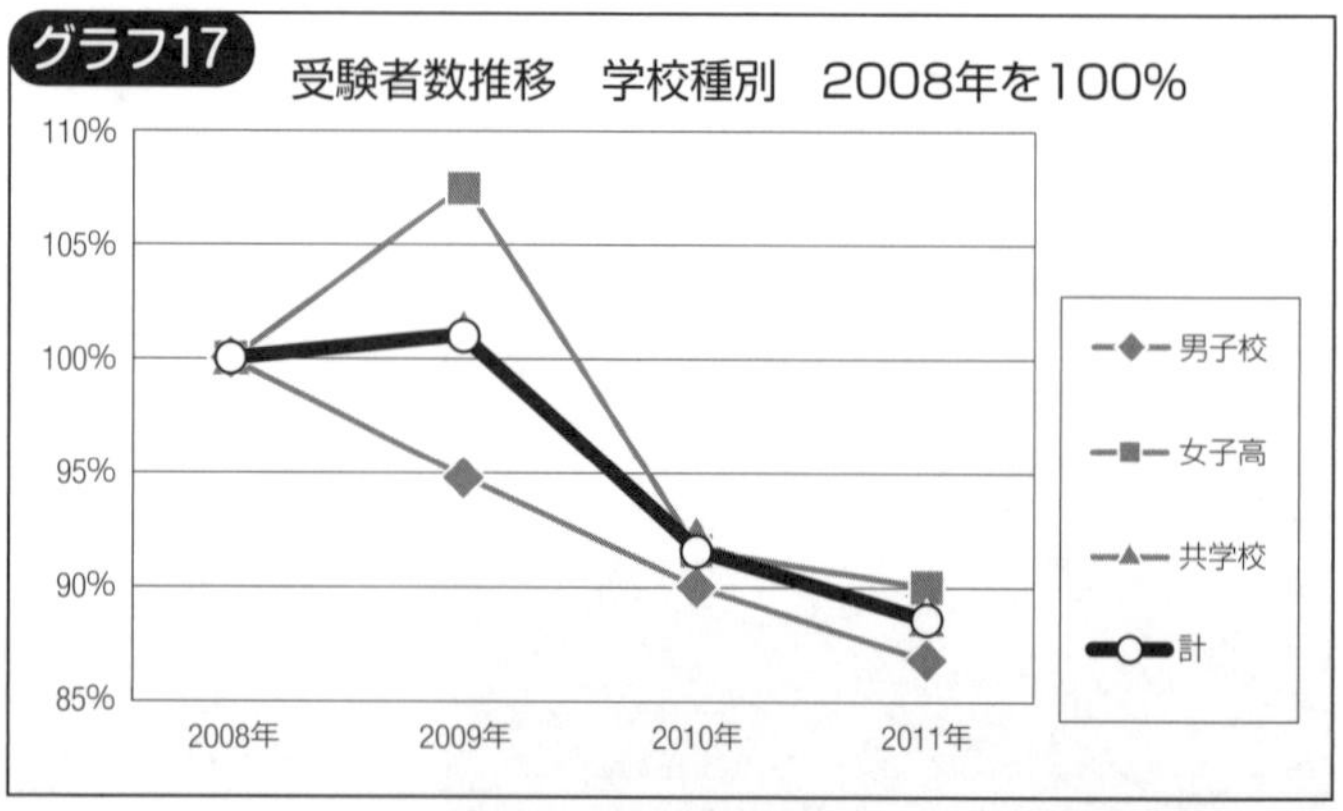

2 2006年を100％したときの受験者数推移

〈グラフ16〉を見ると、2009年は女子校だけでなく共学校も受験者数の増加が見られます。サンデーショックの影響を受けたのは女子校が多かったはずですが、女子校と共学校を併願した女子が多かったことがわかります。男子にはサンデーショックの影響はないことが明確で、リーマンショックの影響を受けて受験者数が減少しています。2010年と2011年を見ると、2012年入試では、男子校、女子校、共学校とも同様に8～10％受験者数が減少すると予測できます。

3 2008年を100％としたときの受験者数推移

〈グラフ17〉を見ると、共学校のグラフがないように見えますが、じつは、「計」とほとんど同じ値で、重なって隠れています。サンデーショックがなければ、2008年～2011年は男子と「計」は、一致すると考えられます。男子の減少傾向は、ほぼ一直線で、小6人口修正なしでは毎年4～5％（小6人口修正ありでは5～6％）の減少と言えます。〈グラフ16〉よりも〈グラフ17〉の方が明確に2012年入試では、男子校、女子校、共学校とも同様に減少すると予測できます。

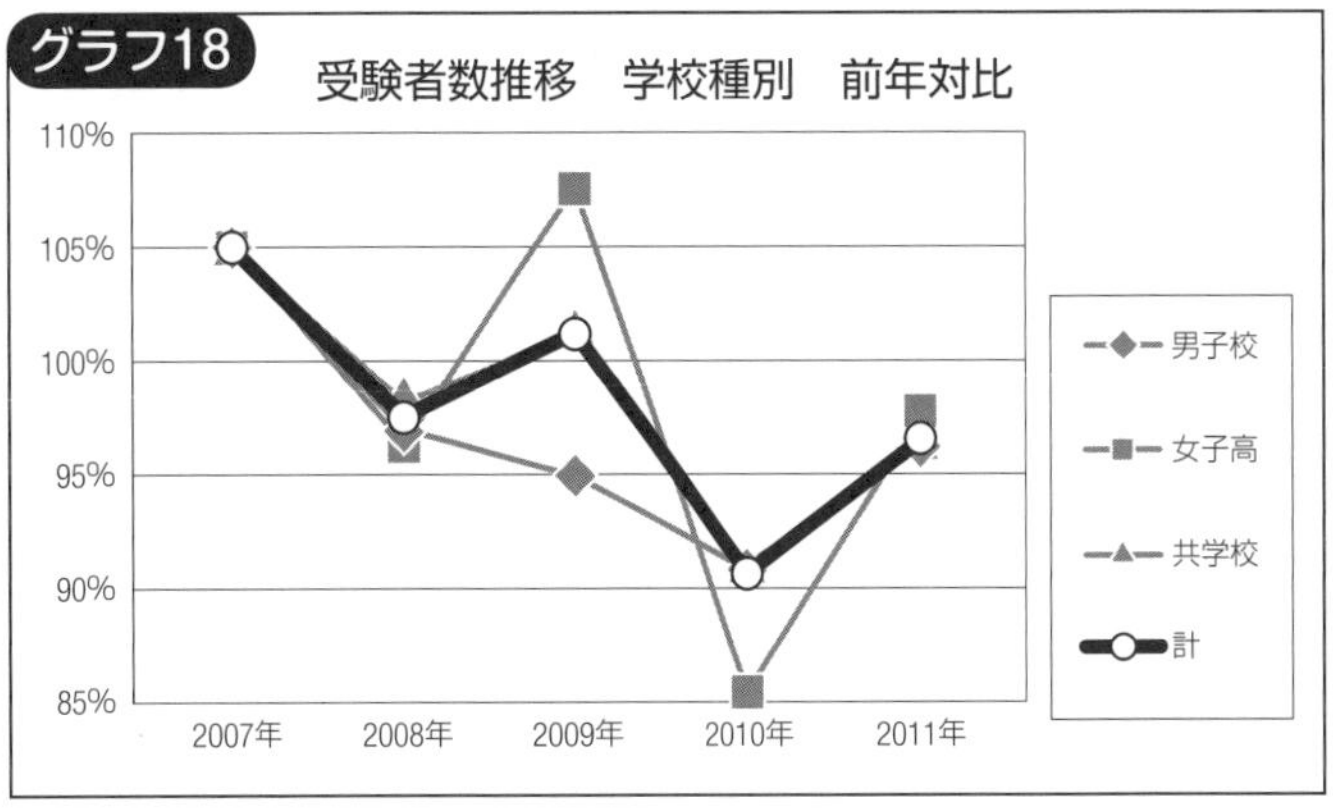

4 受験者数 前年対比推移

〈グラフ14〉だけでなく〈グラフ18〉でも「計」は同じ％になるので隔年現象が見られますが、内訳となる男子校は、2008年以降は、受験者数前年対比が、ほぼ一定の減少率で推移していることがわかります。しかし、女子校と共学校は明確に隔年現象があり、女子校は極端な増減となっています。これらのことから、サンデーショックが隔年現象の引き金となった可能性があることがわかります。2012年の入試では、女子校と共学校は隔年現象で受験者数が10％以上の減少となり、男子校はこれまでどおり前年対比5％程度の減少となる可能性があります。

C 学校8ランク

（A～H：四谷大塚80％の学校偏差値でA65以上、B64～60、C59～55、D54～50、E49～45、F44～40、G39以下、H非エントリー校）

1 受験者数推移

学校ランクにより受験者数の増減に影響がでていると思われます。こ

グラフ19

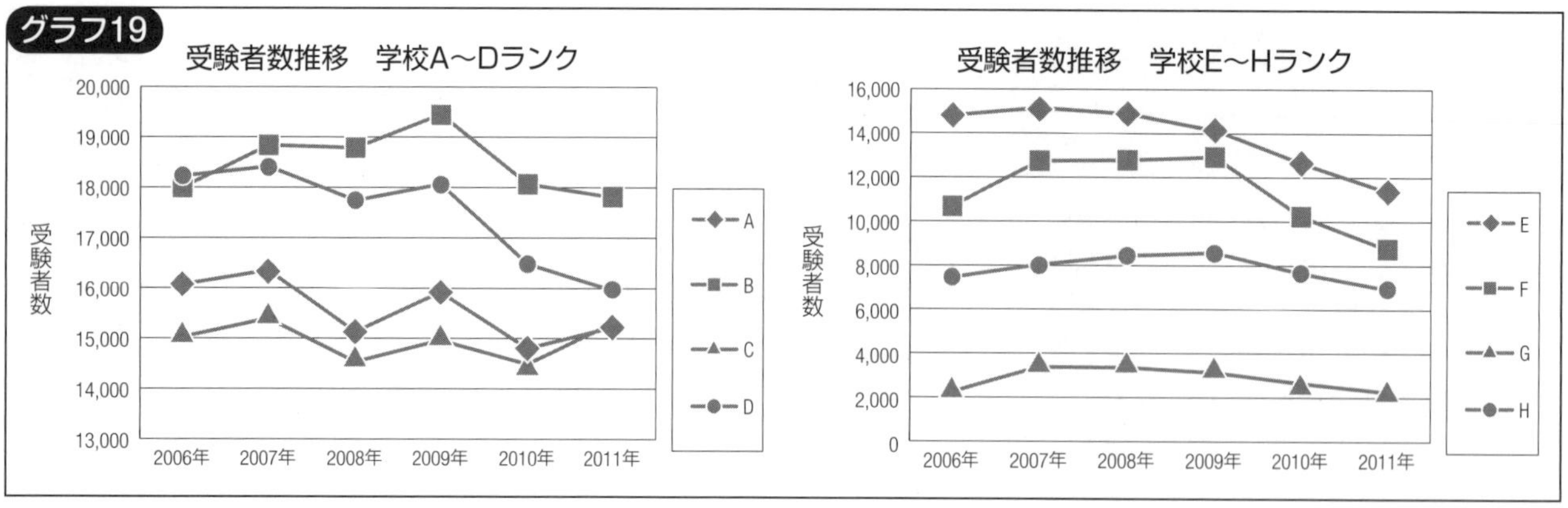

こでは、２０１２年の受験者数予想も考えながら分析を行います。

〈グラフ19〉を見ると、学校ランクＡ～ＤとＥ～Ｈの受験者数の増減傾向が異なることがわかります。学校ランクＡ～Ｄでは２００９年のサンデーショックの影響で受験者数が増加していますが、学校ランクＥ～Ｈでは、横ばいまたは減少しています。学校ランクＨは、受験者数が極端に少ない学校で特色のある学校も多く、生徒募集でも工夫をしているせいか、学校ランクＦや学校ランクＧよりも減少率が小さいのです。

ここで興味深いのは、２０１１年のＡランク校とＣランク校です。２０１１年の入試では学校ランクの高い学校ほど受験者数前年対比の減少率は低く、Ａランク校とＣランク校では前年対比を上回っている学校が多く見られました。しかし、Ｂランクの学校では、なぜか、前年対比を下回っているのです。

こうしたことから、２０１２年入試ではＢランク校はねらい目となって、受験者数が増加することも考えられます。またＡランク校とＣランク校は、２０１２年入試では、２０１１年入試で受験倍率が高くなったことで敬遠されて受験者数が減少することも考えられます。

グラフ20

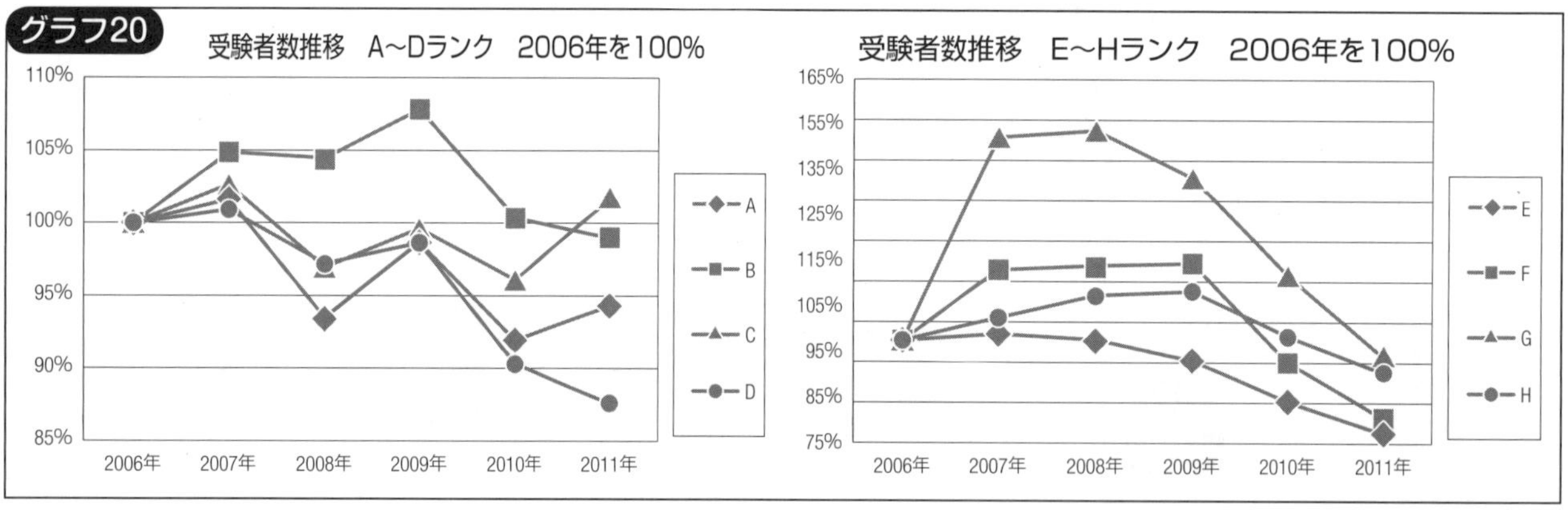

２　２００６年を１００％としたときの受験者数推移

２００６年を１００％とした〈グラフ20〉を見ると、Ｂランク校以外のＡ、Ｃ、Ｄランク校は２００９年の受験者数は、２００６年対比99％で、２０１０年の受験者数はＣ、Ａ、Ｄランク校の順に減少率が低くなっていました。そして、２０１１年はＡランク校とＣランク校の受験者数が前年対比で増加に転じ、Ｂランク校とＤランク校の受験者数が減少しています。

興味深いのは２００６年の受験者数を１００％としたとき２０１１年の受験者数は、全体では91％で９％の減少ですが、学校ランクごとにＡ94％、Ｂ99％、Ｃ１０２％、Ｄ88％、Ｅ77％、Ｆ82％、Ｇ97％、Ｈ92％で、上位ランクと下位ランクで受験者数の減少率が小さく（Ｃランク校では増加している）、真ん中のＤ～Ｆランク校で減少率が大きいことです。

この傾向が２０１２年入試でも続けば、Ｄ～Ｆランク校は減少率が大きく、Ａ～Ｃランク校・Ｇ・Ｈランク校で減少率が小さい可能性があります。

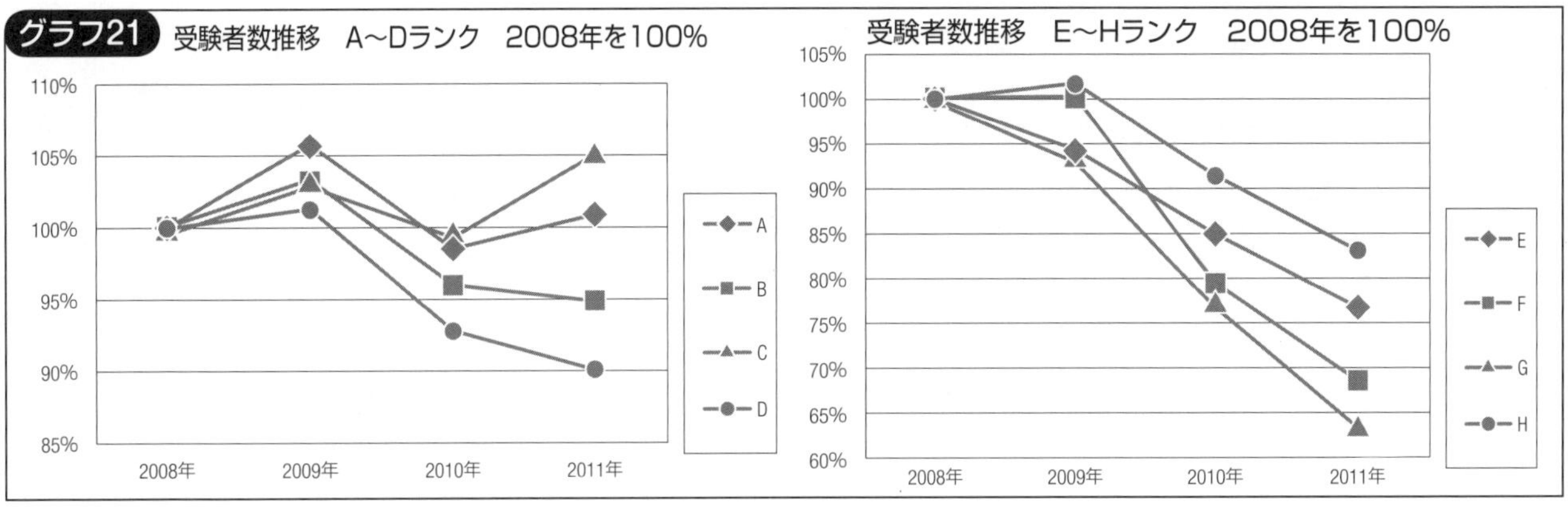

3 2008年を100%としたときの受験者数推移

リーマンショック直前の2008年を100%として、2009年〜2011年の3年間に受験者数がどれだけ減少したかを〈グラフ21〉で見てみましょう。全体の計では89%で2008年の受験者数よりも11%減少しています。学校ランクごとでは、A101%、B95%、C105%、D90%、E77%、F69%、G64%、H83%と、Cランク校とHランク校を除き、ほぼ学校ランクが高いほど減少率は低くなっています。Gランク校やFランク校は30%以上も受験者数減少していますが、これは平均値で、さらに減少率が高い学校もあります。

また、上位の学校ランク校は、合格者が他校に合格することで、募集定員に満たなくなる場合は繰り上げ合格を行いますが、その学校よりも下位の学校に合格している生徒に繰り上げ合格をすることになり、下位の学校は同じように繰り上げ合格をだすことになり、下位の学校になればなるほど、受験者数の減少以上に合格者の減少が大きくなる傾向があります。下位の学校のなかには受験者数は前年対比で100%を上回っていても入学者数では前年対比でマイナスという学校もあります。

2012年入試でも、同じ学校ランク内でも受験者数前年対比に大きな差がつく可能性が大きいと思います。

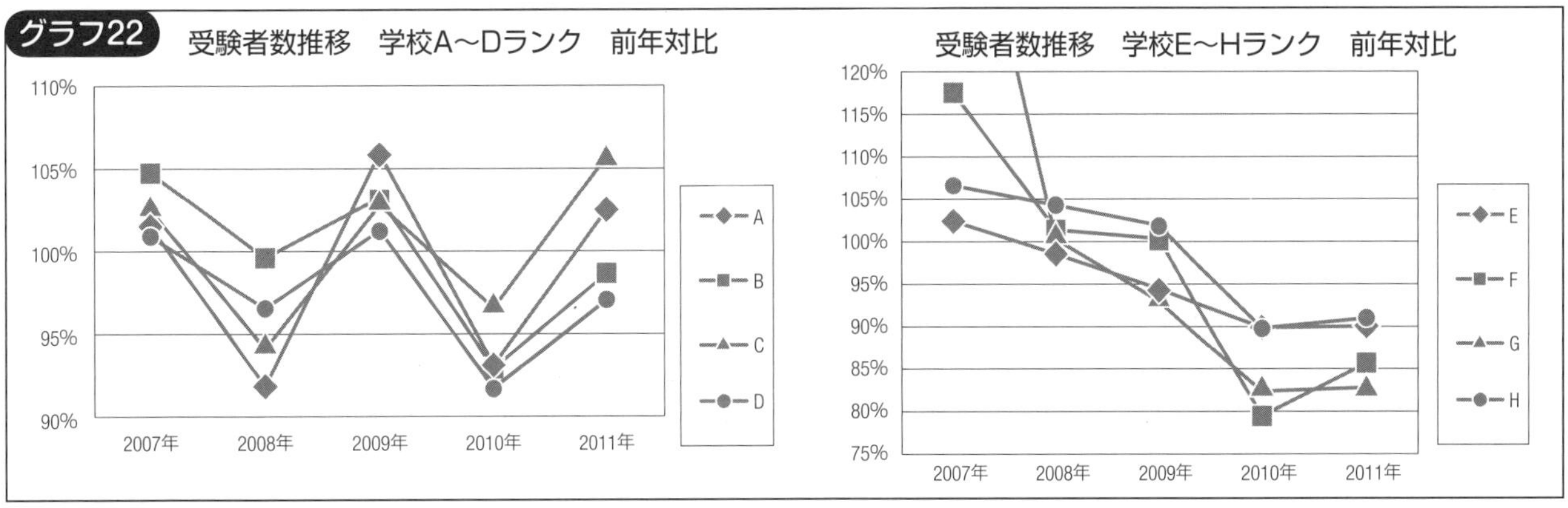

4 受験者数　前年対比推移

〈グラフ22〉を見ると、学校ランクA〜Dは明確に隔年現象があるようです。隔年現象があるとわかっている塾の先生でも、前年に合格倍率があがっている学校は進めにくいそうで、つい合格倍率の下がった学校をすすめてしまうと聞きます。結果として隔年現象となるわけです。

また学校ランクE〜Hでは、隔年現象は見られません。毎年のように受験者数前年対比が下がりつづけ、2011年には2010年と同程度か、少し減少率が下がったようです。それでも、前年対比で10%〜18%の減少率はけっして低くはありません。

このように2012年入試では、受験者数が10%減少したとしても、ランクが高い学校は受験者数前年対比が100%以上となり、ランクの低い学校は70〜80%になる可能性が高いのです。

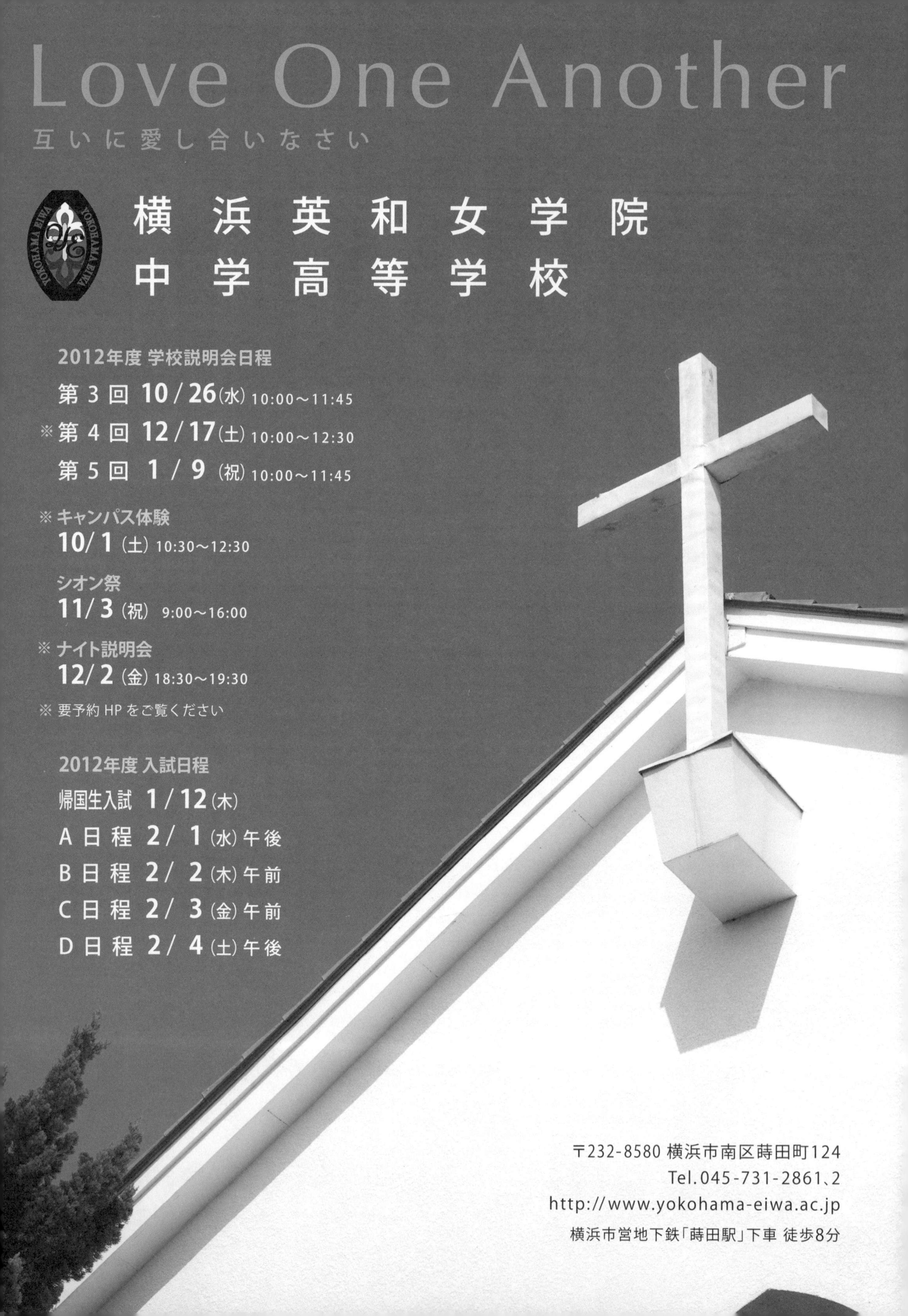
Love One Another
互いに愛し合いなさい
横浜英和女学院
中学高等学校
2012年度 学校説明会日程
第3回 10/26(水) 10:00～11:45
※第4回 12/17(土) 10:00～12:30
第5回 1/9(祝) 10:00～11:45
※キャンパス体験
10/1(土) 10:30～12:30
シオン祭
11/3(祝) 9:00～16:00
※ナイト説明会
12/2(金) 18:30～19:30
※要予約 HPをご覧ください
2012年度 入試日程
帰国生入試 1/12(木)
A日程 2/1(水)午後
B日程 2/2(木)午前
C日程 2/3(金)午前
D日程 2/4(土)午後
〒232-8580 横浜市南区蒔田町124
Tel.045-731-2861、2
http://www.yokohama-eiwa.ac.jp
横浜市営地下鉄「蒔田駅」下車 徒歩8分

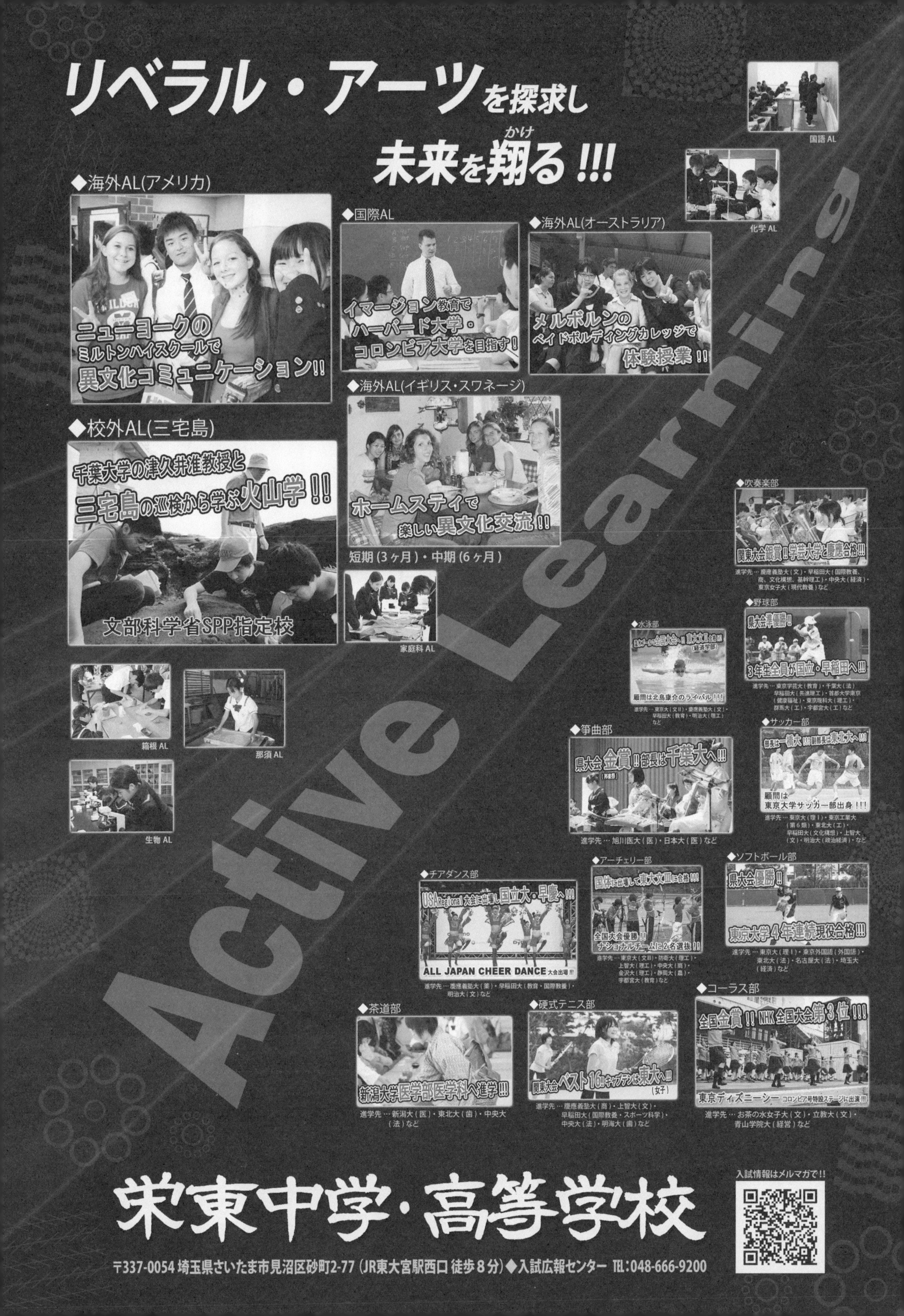
リベラル・アーツを探求し
未来を翔《かけ》る!!!
Active Learning
◆海外AL(アメリカ)
ニューヨークの
ミルトンハイスクールで
異文化コミュニケーション!!
◆国際AL
イマージョン教育で
ハーバード大学・
コロンビア大学を目指す!
◆海外AL(オーストラリア)
メルボルンの
ベイドボルディングカレッジで
体験授業!!
国語 AL
化学 AL
◆海外AL(イギリス・スワネージ)
ホームステイで
楽しい異文化交流!!
短期(3ヶ月)・中期(6ヶ月)
◆校外AL(三宅島)
千葉大学の津久井准教授と
三宅島の巡検から学ぶ火山学!!
文部科学省SPP指定校
家庭科 AL
箱根 AL
那須 AL
生物 AL
◆吹奏楽部
関東大会銀賞!!学芸大学と慶應合格!!!

進学先…慶應義塾大(文)・早稲田大(国際教養、商、文化構想、基幹理工)・中央大(経済)・東京女子大(現代教養)など
◆野球部
県大会準優勝!!

3年生全員が国立・早稲田へ!!!

進学先…東京学芸大(教育)・千葉大(法)早稲田大(先進理工)・首都大学東京(健康福祉)・東京理科大(理工)・群馬大(工)・宇都宮大(工)など
◆水泳部
温水プールで全国大会へ!! 東大文Ⅱ合格!!!

(経済学部)

顧問は北島康介のライバル!!!

進学先…東京大(文II)・慶應義塾大(文)・早稲田大(教育)・明治大(理工)など
◆箏曲部
県大会金賞!!部長は千葉大へ!!!

(邦楽祭)

進学先…旭川医大(医)・日本大(医)など
◆サッカー部
部長は一橋大!!!副部長は東北大へ!!!
顧問は
東京大学サッカー部出身!!!
進学先…東京大(理I)・東京工業大(第6類)・東北大(工)・早稲田大(文化構想)・上智大(文)・明治大(政治経済)・など
◆チアダンス部
USA Regional 大会に出場し国立大・早慶へ!!!
ALL JAPAN CHEER DANCE 大会出場!!!
進学先…慶應義塾大(薬)・早稲田大(教育・国際教養)・明治大(文)など
◆アーチェリー部
国体に出場して東大文Ⅲに合格!!!

全国大会優勝!!

ナショナルチームに2名選抜!!

進学先…東京大(文III)・防衛大(理工)・上智大(理工)・中央大(商)・金沢大(理工)・静岡大(農)・宇都宮大(教育)など
◆ソフトボール部
県大会優勝!!

東京大学4年連続現役合格!!!

進学先…東京大(理I)・東京外国語(外国語)・東北大(法)・名古屋大(法)・埼玉大(経済)など
◆茶道部
新潟大学医学部医学科へ進学!!!

進学先…新潟大(医)・東北大(歯)・中央大(法)など
◆硬式テニス部
関東大会ベスト16!!キャプテンは東大へ!!!

(女子)

進学先…慶應義塾大(商)・上智大(文)・早稲田大(国際教養・スポーツ科学)・中央大(法)・明海大(歯)など
◆コーラス部
全国金賞!! NHK全国大会第3位!!!
東京ディズニーシー コロンビア号特設ステージに出演!!!
進学先…お茶の水女子大(文)・立教大(文)・青山学院大(経営)など
栄東中学・高等学校
入試情報はメルマガで!!
〒337-0054 埼玉県さいたま市見沼区砂町2-77(JR東大宮駅西口 徒歩8分)◆入試広報センター TEL:048-666-9200

人に信頼され、広く社会に貢献できる女性を育てます。

相模女子大学中学部の「女子教育」

めざす生徒像

- 確かな学力を身につけている生徒
- 女性としての品格、感受性をそなえている生徒
- 広く社会と係わり、社会に貢献できる生徒

●抜群の学習環境が個々の能力を伸ばします

1 一貫カリキュラムで培う確かな学力 個々の進度に寄り添ったサポート体制

3 自ら掲げた目標に歩み寄る力を育む キャリア教育

2 多彩な体験学習で育む広い視野

4 必修の「茶道教育」による人間形成

2011年 中学部学校説明会・入試相談会・オープンスクール・公開行事日程

学校説明会［終了後、個別相談も行います］

9/13（火）	10:00~12:00	［卒業生によるパネルディスカッション、授業参観］
11/16（水）	10:00~12:00	［保護者によるパネルディスカッション、授業参観］
12/10（土）	10:00~12:30	［入試4科目出題傾向］
1/7（土）	10:00~12:30	※人数把握のため予約を承ります ［入試対策講座］

オープンスクール（要予約）

10/22（土）	9:30~12:30	部活体験 ［昼食あり］

入試相談会

1/20（金）	13:00~16:00

公開行事

体育祭	9/17（土）
相生祭（文化祭）	11/3（祝）・4（金）
主張コンクール	1/28（土）
合唱コンクール	2/18（土）
講話	2/20（月）

相模女子大学中学部・高等部

〒252-0383 神奈川県相模原市南区文京2-1-1 TEL.042-742-1442

URL http://www.sagami-wu.ac.jp/chukou/

教育は愛と情熱!!

《長聖高校の平成23年度大学合格実績》

東大１名、国公立大(医・歯・薬)17名、その他国公立大125名、早慶上理44名合格

東京入試

(長野市、松本市でも同日入試を実施)

1月9日(月･祝)

- 工学院大学・新宿キャンパス
- グランドプリンスホテル新高輪・国際館パミール
- 東海会場
  岐阜県多治見市文化会館

本校入試

1月21日(土)

- 会場・本校

病院での看護、福祉施設での介護、幼稚園での保育、商店街での一日店員などの社会体験をはじめ、乗馬、ゴルフ、弓道、スキーなどのスポーツ体験、校舎に隣接する学校田での農業体験…。年間を通じてさまざまな体験学習を実戦しています。

寮生活　授　業　体験学習

三位一体となった **6年間の一貫教育**

■学校説明会

10月　4日(火)10:30~12:30
【品川】グランドプリンスホテル新高輪
国際館パミール

10月10日(祝)13:30~15:00
【高崎市】エテルナ高崎５階

10月16日(日)13:30~15:30
【名古屋市】メルパルク名古屋

■ 公開授業　8:40~12:30

10月15日(土)
※ 個別入学相談コーナーあり。

■ 体験入学

第2回 11月20日(日)
9:00~13:40
・授業体験（英語・数学）、模擬作文
・授業体験後に「家族そろって給食体験」

■ 聖華祭（文化祭）

9月23日(金)**•24日**(土)
※個別入学相談コーナーあり。

全国寮生学校合同説明会

11月15日(火)13:00~16:00
【横浜】JR横浜駅東口
崎陽軒本店会議室

11月16日(水)13:00~17:00
【東京】JRお茶の水駅西口
東京ガーデンパレス　2階

佐久長聖中学校 高等学校

〒385-0022 長野県佐久市岩村田3638
TEL　0267－68－6688（入試広報室 0267－68－6755）
FAX　0267－66－1173

http://www.chosei-sj.ac.jp/
E-mail　sakuchjh@chosei-sj.ac.jp

上信越自動車道佐久インターから車で１分
JR長野新幹線・小海戦佐久平駅から車で５分
（長野新幹線で東京から70分）

渋谷教育学園幕張中学校・高等学校

〒261-0014 千葉市美浜区若葉１-３　TEL.043-271-1221（代）　http://www.shibumaku.jp/

受験まで あと100日

志望校を決めよう！

学校選びのポイント!!

お子さんに最適の学校を選べるのが私立中学校受験の最大のメリットです。学校選択のポイントを押さえてわが子にぴったりの志望校を選びましょう！

Point 1 志望校選びは「青春選び」！ 厳しい目で選択しましょう！

家庭の求める教育方針や、子どもの性格に合った学校を選ぶことができる「中学受験」。志望校選択は中学受験において保護者がやらなければならないいちばん重要なことです。

学校を選ぶ際には、「知名度のある学校だから」「偏差値の高い学校だから」といった先入観や一般的な評価に、ついまどわされてしまうこともあるかもしれません。しかし志望校の選択とは、わが子が中高6年間という大切な時期を過ごす場所を選ぶ、わが子の「人生」に大きな影響を与える選択なのです。

保護者のみなさんには、学力だけではなくさまざまな観点から学校を考察し、厳しい目で慎重に志望校選択にのぞんでいくことが求められます。

Point 2 学力だけで選ばないこと！ 偏差値は指標のひとつです！

志望校選びは、お子さんがその学校に合っているかという「適性」を考えることが大切です。たとえば、「校風は本人の性格や家庭の価値観に合っているか」「男女校か共学校か」「通学時間は適当か」「入試をクリアできる学力レベルか」といったことがあげられます。つまり、偏差値はあくまでも志望校の適性判断の一指標なのです。

模擬試験の成績表と偏差値を見て志望校を決める方法は、適性判断の一指標である偏差値が、適性を考える他の要素に優先することになってしまいます。偏差値に振り回されないようにしましょう。

Point 3 「百聞は一見にしかず」！ 学校見学に行きましょう！

志望校がしぼられたら、学校見学に参加しましょう。第1志望校だけではなく、受験の候補にあがった学校はかならず一度は学校へ足を運んでください。

学校に関する情報は、ガイドブック、学校案内、学校のホームページなどから多く得ることができますが、直接学校を訪問して得られる情報は「自分の目で見て、感じて判断できる」という点で他の情報とは決定的にちがいます。

「志望校を見に行く」という気持ちではなく、「学校を実際に見て志望するかどうかを判断する」という姿勢を持って学校見学に参加することが大切です。

志望校選択でチェックするポイント

学校文化・校風

私立学校は、それぞれ独自の建学の精神によって設立され、教育目標を定めて運営されています。そのため、それぞれの学校ごとに個性的な特徴が生まれ、それを「校風」と言い、校風によって育まれた学校独自の文化を「学校文化」と言います。「伸びのびとした自由な学校」、「しつけ教育に重点をおいた厳格な学校」といったように、私学の数だけ特徴があると言えます。志望校の校風がお子さんに合うかかならず確認してください。

check more!

学校文化は外部からは見えにくいものも多くあります。OBやOGのかたにお話を聞いたり、学校見学に行った際などに先生や生徒さんにうかがってみましょう。

男子校・女子校・共学校

男子校・女子校、共学校、いずれもそれぞれのよさがあります。男子校・女子校は、異性の視線を気にせずに伸びのびと自分らしさをだせるところが魅力と言えます。共学校は、学校生活をとおして男女それぞれの考え方のちがいを理解でき、お互いの長所や短所を認めあうことができます。どのタイプにするかは、受験生本人の希望や、性格と合っているかを考慮して選びましょう。

check more!

学校には、男女が別の校舎で学ぶ「別学校」もあります。ふだんの授業は男女別々ですが、行事やクラブを合同で行うなど、教育活動は学校ごとに特徴があるのでよく確認しましょう。

通学時間

私立中に進学すると、電車やバスを使って通うかたがほとんどでしょう。中高6年間という長い間通うわけですから、あまり通学に時間がかかり過ぎるのも生活や学習の負担になりかねません。通学時間の目安としては、家から学校まで往復3時間以内であれば無理はないといえます。志望校への所要時間とともに、利用する交通機関の通学時の混雑状況などもかならず事前にチェックしましょう。

check more!

私立中のなかには、通学時間に制限を設けている学校もあります。制限を設ける理由は、生徒の帰宅時間が遅くなりすぎないように、時間がかかりすぎて生徒の負担にならないようにといった教育的な配慮によるものです。

学力

入試で求められる学力をクリアできる見込みがあるかどうかは、受験をする以上気にかけなければなりませんが、あくまでも偏差値は志望校の適性判断の一指標です。偏差値は優劣を表す数字ではないことを理解し、学力の部分だけを見て志望校選択をしないようにしましょう。偏差値は模試当日のコンディションの影響を強く受けます。振れ幅が大きく変動しやすいのでまどわされないように。

そのほかのチェックポイント

- 学校の宗教的背景
- 学費
- 大学附属校or進学校

志望校選びQ&A

Q　宗教系の学校って？

A　設立基盤として宗教的な背景を有する学校です。キリスト教のカトリック校とプロテスタント校、仏教系、その他の宗教系などに大別されます。宗教的な理念を教育の柱として、しつけや規律を重んじ、豊かな人間性を育む教育をめざしています。特定の信者だけを対象としているわけではなく、だれでも受験できます。

Q　進学校にするか大学附属校にするか迷っています。

A　「進学校」は大学進学をめざし受験体制の整った学校のこと。「大学附属校」は系列大学に進学することを前提に教育を行っている学校です。大学附属校では、大学受験に時間が取られない点が魅力ですが、系列校以外の大学に進学したい場合に学校での受験対策が整っていないこともあります。

お子さんが将来の大学進学にあたってどのような姿勢でのぞむのかを、しっかりと確認しておくことが必要です。

成功する併願校選び

学校選びのポイントを押さえたら、実際に志望校を決定しましょう。合格するためには実力はもちろんのこと、第1志望校を中心に「併願校選び」や「併願の組み方」でも合否は大きく変わってくるのです。併願校選びのポイントについてまとめました。

併願の基本

　首都圏にある私立・国立・公立中高一貫校は300を超える学校が存在し、入試そのものの数も多数存在しています。これらの入試はいっせいに始まるのではなく、各都道府県で開始日を決めていて、そこから数日間にわたって入試が実施されています。実際には、ひとり4～6校は併願校を考えるのが一般的だと思われます。

　そのため、いくつもの学校に挑戦できるという半面、「どう決めればよいのかわからない」という悩みも発生するのです。

　では早速、併願方法についてご説明します。

　受験に際しては、いくつかの学校を受験しようとも、受験の「軸」となるのは、第1志望の学校であるのはいうまでもありません。まずは第1志望校を確定しましょう。

　併願校の決定においても、第1志望校が決まっていれば、学校選びの軸が定まり受験日程が組みやすくなるので、第1志望校は6年生前半までには大まかにしぼりこみ、遅くとも11月には決定するとよいでしょう。

　また、「進学したい」という明確な目標の学校を持つことで、学習計画が立てやすくなるとともに、学習への意欲を高めることができるので、その後の学習活動にプラスの面が多くなることも事実です。

　さらに「この学校に行きたい」という強い気持ちで勉強するのと、なんとなく勉強するのとでは、学習に取り組む姿勢に大きなちがいが生じます。受験勉強だけでなく、目標がはっきりしていることの効果はいうまでもありません。

　このように第1志望校の決定は、本人のモチベーションを高めますので、逆に言えば、本人が憧れ、いちばん行きたいというモチベーションの高まるような学校を第1志望校とする選択が必要だということです。

　そのため、ある程度実力以上に難度が高い学校であってもよいのです。つまり、第1志望は「挑戦する学校=チャレンジ校」と呼んでよいでしょう。

　そのかわり併願校についてはよく考えて堅実に選択しましょう。

併願パターンの組み方

　合格を確保するためには、第1志望校の難度は多少高めとなったとしても、併願校に段差をつけて確実に合格を確保することが大きなポイントになります。

　併願パターンの基本は、3段階で考えたパターンを組み立てることです。

①チャレンジ校
偏差値が合格可能性50%ラインに達しているかその前後に位置する。

②実力相応校
偏差値が80%ラインに達しているかその前後。

③合格有望校
偏差値が確実に80%ライン以上に達している。

　さて、その3段階ごとの幅ですが、一般的には、受験生の現在の偏差値より5程度上に位置する学校を「チャレンジ校」とし、5以下に位置する学校が「合格有望校」として、偏差値的には5から10くらいは幅を持たせ、幅広い選択肢のなかから学校を選びましょう。

その際に気をつけることは、受験生の偏差値は、何回かの「公開模試」の結果の平均値を元に考えるということです。

成績が安定、あるいは上昇していればよいのですが、たまたまの自己最高記録でのみ考えるのは危険です。

また、最も避けなければいけない併願パターンは、難度の高い学校ばかりを横ならびに受けてしまうことです。

受験する前から、ただでさえ緊張している受験生に対してプレッシャーをかけるような併願パターンは組むべきではありません。なるべく本人に自信と安心を感じてもらい、勇気を持って第1志望校に挑戦することが肝心なのです。

そのうえで、できるだけ早い段階で合格を勝ち取れるような学校選びをしたいものです。

併願校選びの流れ

①第1志望校を決める

併願の軸となるため、まずは第1志望校を決定する。

②子どもの平均偏差値を確認する

子どもの公開模試の平均偏差値がどこにあるかを確認する。あくまで冷静に、低いときと高いときの平均を確認しよう。

③段階的に併願パターンを組む

平均偏差値を起点とし、上下5くらいの幅で段階的に併願パターンを組む。

④早めに合格をおさえるような学校選びをする。

早めに合格でき、自信をつけさせるような学校選びをする。それがつぎの合格につながる。

日程づくり

では、具体的に合格できる併願スケジュールはどう作成したらよいのでしょうか。第1志望校の日程別に見ていきましょう。併願パターンは無数にありますが、第1志望校がチャレンジ校、あるいは合格相応校である場合の、容易に合格を推定できない場合について考えてみたいと思います。

初日が第1志望校の場合

第1志望校がいわゆる「試し受験」をのぞけば、受験初日というケースもあると思います。

その場合、もちろん初日で合格となればいうことはないのですが、併願を考える場合には、初日が不合格であった場合を想定して併願を組む必要があります。

その際、初日の合格発表がいつなのかによって2日目以降の組み方も変わってきます。

即日発表ならば、2日目は初日の結果を知ってからの受験になりますので、この日に合格の可能性が高い合格有望校を持ってくるのがよいでしょう。

即日発表でない場合は、2日目、あるいは3日目のどちらに合格有望校を組み入れても大差はないと思いますが、2日目まではチャレンジ校、あるいは実力相応校を受験するなら、3日目は確実に合格できそうな合格有望校を組み入れる併願パターンをつくっておきましょう。

第1志望校が2日目の場合

第1志望校が2日目の場合、初日の学校選択はより慎重に決定しましょう。

とくに1日目が即日発表の場合、結果を知ってから本命の試験にのぞむことになります。

さらに、多くの受験生が本命と考える志望校であるので、厳しい受験になります。そうしたなかで合格していくには、たとえ合格有望校でも、第1志望校に次ぐ「行きたい学校」を選択することが重要です。また、過去問題を解いた感触から、手応えがある学校を選択しましょう。

くれぐれも、チャレンジ校ばかりを受けて失敗するというパターンにならないように気をつけましょう。

第1志望校が3日目以降の場合

3日目以降に第1志望校の入試がくる場合では、その日まで体力や気力を持ちつづけるということが大切です。そのため、初日、2日目のどちらかに合格有望校を組み入れるか、もしくは合格有望校を並べて受験して、自信を持って本命の入試にあたれるようにしたいものです。いずれの場合も、じゅうぶんに気をつけなければならないのは、3日目ともなると、受験生のなかには合格を果たしているケースも増えていますので、そうした周囲の動向に惑わされないようにすることです。

「1月校」入試を受験する

首都圏では、千葉や埼玉の学校が1月入試を行います。

以前はこうした1月校を「試し受験」として、場慣れのために受験するケースが多かったのですが、最近は、交通網の発達でアクセスもよくなったことから、実際に通うことを前提にした、東京・神奈川といった遠方からの受験生が増えています。その結果、実際に手続きをする受験生の数も増えていて、1月校の難易度もはかりにくくなっているのが現状です。

力試しのために受験したのに、思わしくない結果になった場合、2月の本番の受験に影響することもありますので、「試し受験」とはいえ、子どもの性格や実力などをよく吟味して、受験するかどうか考えましょう。

「午後入試」を活用する

このところ、2月1日以降の受験では、午後入試を実施する学校が増えています。とくに、1日、2日に集中しています。

この午後入試は、東京、神奈川で1月校が受験できない地域に住んでいる受験生にとっては、併願パターンを考えるうえで、大きな意味を持つようになってきました。

こうした併願をする意味は、前半の早い時期に合格を勝ち取ることにあります。それだけに併願の組み方には慎重を期したいものです。

午後入試は一般的に午後2時や3時からの開始が多く、他校の午前入試を受けたあと、食事をしてから受験することも可能です。また、30分おきに試験開始時刻を用意しているなど移動の利便性を考えたり、科目数や問題数を減らして受験生の負担を配慮する学校も増えています。

合格発表もほとんどの学校が試験当日であるために、併願校選びの幅を広げることにもなります。

一方、注意しなければならないのは、受験生の精神的・体力的消耗の度合いです。

このような面もじゅうぶんに考慮したうえで、午後入試をうまく活用しましょう。

併願パターンの基本例（東京・神奈川の中学校を中心に受験する場合）

併願パターンの例を参考に、ご家庭に合った併願パターンを組んでください。

基本パターン　チャレンジ校と合格有望校をほどよく受験

	1月中	2月1日	2月2日	2月3日	2月4日以降
チャレンジ校		B校			F校
実力相応校				E校	
合格有望校	A校	PM C校	D校		G校

・1月中に確実に合格できる学校を試し受験。

・2月1日午前の第1志望校(B校)のあとは、午後に、合格有望校を組む。2日目には偏差値マイナス5程度の合格有望校。

・3日目までに合格できれば4日以降はチャレンジ校、残念な結果なら合格有望校を受験する。

安全パターン　第1志望校の前に合格を

	1月中	2月1日	2月2日	2月3日	2月4日以降
チャレンジ校			D校		F校
実力相応校		PM C校		E校	
合格有望校	A校	B校			G校

・第1志望校(D校)受験の前に、確実に合格できる学校を受験しておき、余裕を持って2月2日の第1志望校にのぞむ。

・4日目以降は3日目までの結果次第で決める。

チャレンジパターン　強気でいくなら続けてチャレンジ校を受験

	1月中	2月1日	2月2日	2月3日	2月4日以降
チャレンジ校		B校	D校	E校	
実力相応校	A校				
合格有望校		PM C校		F校	G校

・1月中は実力相応校で力試し。

・2月1日、2日はチャレンジ校に挑戦する。できれば1日の午後入試は合格有望校を。

・3日は2日までに合格を得られなければ合格有望校にし、合格校があれば、さらにチャレンジ校に挑戦。

学校説明会に参加してみよう！

気になる学校が見つかったら、学校説明会に参加してみましょう。
説明会でチェックするポイントや注意点をまとめました。

学校説明会の参加は志望校選択の基本

中学受験や各私立学校の情報は、インターネット・雑誌や書籍・各校の学校案内など、さまざまなメディアから入手することが可能です。こうした情報は手軽ではありますが、学校のふだんのようすや雰囲気、校風がお子さんに合っているかということは、やはり実際に学校を訪れてみないとわからないものです。

学校説明会では、各校の教育理念や教育方針、授業の内容、進路指導への取り組みなどが具体的に詳しく説明されます。校内見学が同時に行われていることも多いので、施設や設備、在校生の学校生活のようすなどを見ることもできます。また、さまざまな学校を訪れてみることで、各校の特徴やちがい・共通点なども感じることができるでしょう。

インターネットや活字だけでは得られない学校を見てナマで感じる情報は、具体的に志望校を選択するうえで非常に重要なものとなります。少しでも興味・感心のある学校の説明会には、ぜひ足を運ぶようにしましょう。

さらに、実際に学校を訪れることにより、親子ともに受験へのモチベーションもあがります。

説明会当日はここをチェック！

学校説明会では、教育内容や入試について詳しく説明がなされます。質疑応答

学校説明会参加までの流れ

調べる

まずは、学校説明会の開催日程を調べましょう。各校のホームページを見て、説明会の日時、場所、対象者（受験生本人参加の可否）、参加方法（事前申し込みの有無など）をチェックします。学校によっては、事前に往復ハガキや電話、または学校ホームページから参加申し込みが必要な場合もあります。説明会の回数が少ない学校や人気校などは参加定員を設けていることもありますので、早めに申し込むようにしましょう。

チェックリスト

- 日時
- 場所
- 対象者
- 参加方法
- 申し込み締切
- 持ちもの（上履きなど）

申し込む

合同説明会について

複数の学校が合同で行う「合同説明会」。規模はさまざまですが、一度にいくつもの学校の内容を知ることができて便利です。ただ、「学校を実際に見る」ということはできないので、受験を考えている学校へは合同説明会とは別の機会に直接訪れるようにしましょう。

説明会当日

説明会に行く際には、通学のための交通アクセスや通学路について、たとえば、自宅から学校までの所要時間や、通学路の環境、交通事情や地域の治安などもチェックしましょう。

学校説明会以外にはこんな催しも

オープンスクール
受験生本人参加型の体験イベント。授業やクラブ活動などに参加できます。

入試問題解説会
入試問題の解説が行われます。入試模擬試験を実施する学校も。12月・1月の受験直前期に実施されます。

個別見学
説明会開催日以外に学校見学ができる学校もあります。事前予約が必要な場合が多いのでよく確認しましょう。

文化祭・体育祭
学校によっては文化祭や体育祭などの行事を公開している学校もあります。

では、疑問点があれば質問しましょう。お子さんと参加する場合に気をつけたいのは、「親の価値観を押しつけない」ことです。親から「この学校はこうだから」というような言い方をされてしまうと、子どもは影響を受けてしまいます。親としても、先入観を持たず各校の素顔を見るように心がけましょう。

check!!

生徒たちのようす

学校では生徒のようすを見てください。身だしなみや態度もポイントですが、表情や目の輝きにも注目します。生徒が生きいきとしている学校は、それだけ生徒の個性がいかされているといえます。また、教師と生徒の距離感からは信頼関係や生活指導のようすもわかります。

check!!

教職員のようす

質疑応答の機会や校舎見学の際には、学校の先生とお話ししてみましょう。会話をつうじてその先生の人柄がわかるだけでなく、複数の先生と話をすることでその学校の教職員全体のようすが伝わってきます。自分の子どもを6年間預けることになるわけですから、厳しい目で見てください。

check!!

子どもの直感

私立中に進学した子どもたちが、「初めて学校説明会で来たときに、この学校に入りたいと思った」と話すことが多くあります。こうした、直感的に「行きたい！」と思う子どもの気持ちは、受験に対するモチベーションを高めることとなりますので、よく考慮して志望校選択に役立ててください。

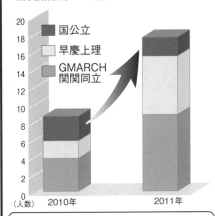

創立78年
新世紀ルネサンス

社会の進歩に貢献する、明朗で実力ある人間を育てる

恵まれた環境、明るく伸びやかな校風。

学校法人湘南学園

湘南学園中学校高等学校

〒251-8505　藤沢市鵠沼松が岡3-4-27　TEL.0466-23-6611(代表)
最寄駅　小田急江ノ島線　鵠沼海岸駅徒歩約8分

http://www.shogak.ac.jp/mh/

●湘南学園は緑豊かな環境の中、基礎学力の育成と総合学習＝「**特別教育活動**」を柱に生徒たちの自主性を育む男女共学校です。大学進学実績も着実に結果をあげています。

●**6年一貫の「特別教育活動」**
「未来を生きる高い知力」を身につけることを目的とし、中高6年間を通じて、社会に生きる人々から直接学ぶ機会を設け、卒業後も主体的な人生を築いていける人間を育てます。

入試説明会

日程	時間／申込期間	内容
10/15(土)	時間 9:30~11:50 申込期間 9/15~10/8	授業・施設完全公開
11/16(水)	時間 9:30~11:50 申込期間 10/17~11/9	授業・施設完全公開
12/10(土)	時間 10:00~12:20 申込期間 11/10~12/3	昨年度入試問題・個別学習会開催

学園祭

10/1(土) 2(日)
場所　湘南学園キャンパス
時間　10:00~16:00
予約不要　個別相談会あり

※イベントが予定通り行われない場合がございます。ホームページでご確認下さい。

SHOHEI

●学校説明会 10:00～
9月27日(火)
10月 9日(日)
11月 1日(火)
11月14日(月)
12月 5日(月)
12月10日(土)
12月18日(日)

●おもしろ実験室
＊要予約 9:00～
10月30日(日)

新生昌平Ⅰ・Ⅱ期生の主な合格大学(過去２年)

	平成23年			平成22年		
国公立大	筑波大(1)	横浜国立大(1)	東京学芸大(3)	東京大(1)	東京工業大(1)	筑波大(1)
	埼玉大(4)	茨城大(1)	宇都宮大(1)	千葉大(3)	埼玉大(1)	宇都宮大(3)
	東京農工大(1)	埼玉県立大(5)	横浜市立大(1)	群馬大(1)	東京農工大(1)	東京海洋大(1)
	千葉県立大(1)	――	――	埼玉県立大(1)	防衛大学校(1)	――
	合計19			合計15		
難関私立大	早稲田大(2)	慶應義塾大(1)	上智大(1)	早稲田大(4)	慶應義塾大(3)	上智大(3)
	東京理科大(15)	国際基督教大(1)	学習院大(5)	東京理科大(7)	学習院大(3)	明治大(13)
	明治大(7)	青山学院大(2)	立教大(7)	青山学院大(1)	立教大(7)	中央大(6)
	中央大(6)	法政大(19)	――	法政大(9)	――	――
	合計66			合計56		
	その他の大学合格者数 434			その他の大学合格者数 251		

昌平中学校の特色

Special Wednesday スペシャル・ウェンズデイ 「百聞は一見に如かず」体験を通して学ぶプログラム

毎月1回、水曜日をスペシャル・ウェンズデイとし、多彩な体験学習を実施します。机上の学習では得られない体験を通して感動を与えるとともに、「調べる」「まとめる」「発表する」「考察する」といった学問の基本となる姿勢を身につけます。

大学教授によるプロジェクト学習

狙い　生徒主体のプロジェクトに基づく学習を通じて、生徒を動機づけ自信を持たせ、自立した学習者にする。

期待される効果
- ■ 対人コミュニケーション能力の向上
- ■ プレゼンテーション能力の向上
- ■ 問題解決能力の向上
- ■ 判断能力の向上
- ■ キャリア意識の醸成

Power English Project パワー・イングリッシュ・プロジェクト 全校生徒が英語に強くなる

国際化の進む現代社会において、語学の習得は不可欠です。そこで本校では、世界に通用する英語力と国際感覚を養い、「英語の勉強は大学に合格するためだけでなく、世界へ羽ばたくために必要であること」を生徒に実感させています。それが本校の全教員が取り組んでいる英語力強化計画「パワー・イングリッシュ・プロジェクト」です。

- ■ 英検全員受験
- ■ 英語の授業時間の充実
- ■ 「日本語禁止部屋(インターナショナル・アリーナ)」の設置
- ■ 校内英語スピーチコンテストの開催
- ■ 姉妹校スコッツ・スクール(オーストラリア)との交流

SHOHEI

昌平中学・高等学校

〒345-0044 埼玉県北葛飾郡杉戸町下野851 TEL:0480-34-3381 FAX:0480-34-9854
http://www.shohei.sugito.saitama.jp

JR宇都宮線・東武伊勢崎線 久喜駅下車
直通バス 10分 又は 自転車 15分

東武日光線 杉戸高野台駅下車
直通バス 5分 又は 徒歩 15分

東武伊勢崎線 和戸駅下車
自転車 8分

主要駅から本校の最寄駅までの所要時間
●大宮駅から久喜駅まで20分
●赤羽駅から久喜駅まで36分
●春日部駅から杉戸高野台駅まで 9分
●北千住駅から杉戸高野台駅まで 40分

昭和学院 秀英中学校／高等学校

Showa gakuin Shuei Junior & Senior High School

それぞれの未来へ。そして夢の実現へ。

学校説明会

中学校

第4回 10/15 土 10:00~

第5回 11/ 5 土 10:00~

予約開始日

中学校：4回目・5回目は9/1(木)~

■平成24年度入試要項（概要）

	第1回（第一志望）	第2回（一般）	第3回（一般）
募集定員	40名	100名	約20名
入試日	12/1（木）	1/22（日）	2/4（土）
試験科目	国語・理科・社会・算数		

電話 043-272-2481(日曜・祝日・創立記念日1/23除く)月~金:9時~16時／土:9時~12時

ホームページ http://www.showa-shuei.ed.jp　FAX 043-272-4732

ハガキ 〒261-0014 千葉市美浜区若葉1-2　昭和学院秀英中学校/高等学校 入試係

※ホームページ・FAX・ハガキでの申込には、参加ご希望の説明会日時、氏名、参加人数、連絡先をご記入ください。

showa gakuin Shuei

〒261-0014　千葉市美浜区若葉1丁目2番　TEL:043-272-2481　FAX:043-272-4732

「いまの私」から「なりたい私」へ――

未来をめざして学びます。

学校説明会	
10 月 22 日 ㊏ 10：00 ～ 12：00 説明会	11 月 23 日 ㊗ 10：00 ～ 12：00 説明会
12 月 17 日 ㊏ 10：00 ～ 12：00 説明会	1 月 9 日 ㊗ 10：00 ～ 12：00 説明会

その他日程　＊予約制	
11 月 2 日 ㊌ 10：30 ～ 14：50 オープンスクール	11 月 23 日 ㊗ 10：00 ～ 入試問題解説＊
12 月 17 日 ㊏ 10：00 ～ 入試問題解説＊	12 月 17 日 ㊏ 10：00 ～ 体験授業＊

募集要項

試験日程	A	B	C
募集人員	70 名	70 名	40 名
試験日	2/1 ㊌	2/2 ㊍	2/3 ㊎
考査科目	2 科または 4 科の選択		

ブログで学校情報を発信中 ⇒ **http://jhs.swu.ac.jp/**

昭和女子大学附属 昭和中学校

〒 154-8533 東京都世田谷区太子堂 1-7 東急田園都市線「三軒茶屋」駅下車徒歩 7 分 TEL:**03-3411-5115** E-mail:**info@jhs.swu.ac.jp**

新校舎・新カリキュラム！

「知性」が「感性」を支えるという考えは変わらず、中高ともに美術と学習の両面を重視する教育を実践してきました。

本校の進路実績では、毎年約9割が美術系に進路をとりますが、これは生徒自らが進路を選んだ結果です。

美術系以外の大学に進む者も例年ありますが、この生徒たちと美術系に進む生徒たちに差はありません。

皆「絵を描くことが好き」というところからスタートしたのです。

それは勉強にも生かされます。物を観て感性がとらえ、集中して描くことは、勉強に興味を持ってそれを学問として深めていく過程と同じなのです。

そして絵を描くことで常に自分と向き合う時間を過ごし、創造の喜びと厳しさも知ることで絵と共に成長するのです。

それが永年の進路実績に表れています。

■平成23年度　受験生対象行事

9月17日(土)	公開授業	8:35〜12:40
9月24日(土)	公開授業	8:35〜12:40
	学校説明会	14:00〜
10月29日(土)	女子美祭（ミニ説明会実施）	10:00〜17:00
10月30日(日)	〃	〃
11月12日(土)	公開授業	8:35〜12:40
11月19日(土)	公開授業	8:35〜12:40
	学校説明会	14:00〜
12月　3日(土)	ミニ学校説明会	14:00〜
1月14日(土)	ミニ学校説明会	14:00〜

■女子美祭

付属中学・高校・大学まで同時に開催される
本学のメーンイベントです。
生徒全員の作品展示のほか、盛りだくさんの
内容でお待ちしています。

■女子美ニケ中学生・高校生美術展

11月11日(金)〜 11月19日(土)
9:00〜19:00　本校エントランスギャラリー

■高等学校卒業制作展

3月6日(火)〜 3月16日(金)
10:00〜17:00　本校エントランスギャラリー

●本校へのご質問やご見学を希望される方には、随時対応させて頂いております。
お気軽にお問い合わせください。

女子美術大学付属高等学校・中学校

〒166-8538　東京都杉並区和田 1-49-8　TEL 03 - 5340 - 4541　URL http://www.joshibi.ac.jp/fuzoku/

110TH ANNIVERSARY

文京学院大学女子中学校 高等学校

Bunkyo Gakuin University Girls' Junior High School

School Guide
2012

中学校案内 QR コード

Junior High School
文京学院大学女子中学校

あなたの新しい
Story
はじまります

オープンキャンパス 10:30〜12:30
9/17(土)・10/15(土)・11/14(月)・11/26(土)

入試解説会（6年生対象） 10:00〜、13:30〜
10/23(日)

部活動見学 13:30〜 ※要予約
11/23(祝)

学校説明会 土▶14:30〜
11/26(土)

文女祭《あやめ》（学園祭）
9/24(土)・25(日) 10:00〜15:00

中学校 http://www.jhs.u-bunkyo.ac.jp/ TEL 03-3945-4361
〒113-8667 東京都文京区本駒込6-18-3 ●駒込駅（山手線・地下鉄南北線）から徒歩5分、巣鴨駅（山手線・都営三田線）から徒歩5分 ●池袋から5分・大宮から27分・品川から28分・柏から33分・浦和美園から30分・新宿から13分
併設 文京学院大学大学院／文京学院大学／文京学院短期大学／文京幼稚園／ふじみ野幼稚園

人間力、輝かせよう。

Information **中学受験生**

● **受験生・保護者対象**（場所：本校）
※ 9月19日（月・祝）10:30〜
10月 5日（水） 10:30〜
11月 4日（金） 10:30〜
※11月23日（水・祝）10:30〜
12月19日（月） 10:30〜
1月 9日（月・祝）10:30〜
※印の説明会では、英語の体験学習を行います。

Information **中学・高校受験生**

● **見学のできる行事**

体育祭	9月27日（火）駒沢体育館
文化祭	10月22日（土）・23日（日）
イングリッシュファンフェアー	11月12日（土）
球技大会	11月24日（木）東京体育館
英語祭	12月10日（土）
百人一首大会	12月21日（水）
スピーチコンテスト	3月 3日（土）

●連絡を頂ければ随時、学校説明をいたします。また、学校見学もできます。

八雲学園中学校高等学校

〒152-0023 東京都目黒区八雲2丁目14番1号 TEL.03-3717-1196（代） http://www.yakumo.ac.jp

受験まであと100日

知っておきたい

中学受験にまつわるお金のはなし

私立中高一貫校に通うことを考える際に、その6年間に必要な教育費をしっかりと把握しておくことはとても大切なことです。6年間で必要な学費や、入試時の受験料、さまざまな形で用意されている特待生制度、学費助成制度などについて調べてみました。

「学費」の考え方

２００８年度（平成20年度）の文部科学省調査によると、全国の私立中学校・高校の平均学費（入学金は含まない）は、それぞれ１年間あたり１２３万６２５９円、98万８５１円となっています。公立校に対する割合は、中学校で２・６倍、高校で１・９倍と、中高ともにおよそ２倍以上の学費が必要です。

相対的に考えれば、公立中よりも私立中の方が学費が高いのは一目瞭然ですが、一般的に、私立中は公立中よりも充実した環境のもとで教育を受けることができ、さらに高校受験や、大学附属校であれば大学受験の必要もなくなることを考えると、一概に「高い」とも言えないことがわかります。「学費」について、その内訳や考え方を理解したうえで志望校を選んでおけば、実際にお子さんが入学するときに、保護者のみなさんも準備しやすくなるのではないでしょうか。それぞれの学校で実際にどの程度の費用が必要になるかは、各校のホームページなどで大まかに知ることができます。

ここでは、その「学費」の内訳や、それぞれの費用の考え方について説明していきたいと思います。

まず、「学費」の内訳ですが、大

きなものとしては、「授業料」「施設費」「修学旅行費」「交通費」といったものがあげられます。これに加えて、入学手続時に納入する「入学金」があります。

入学手続き時に納入する費用については、一部だけを納めれば、残りの費用はある程度まで猶予してくれる学校や、納入したあとにほかの学校への入学を決めた場合、所定の手続きに従えば一部、もしくは全額返金される学校も多いので、かならず確認しておくようにしましょう。

入学金

学校に入学するために必要な費用のことを入学金といいます。私立の中高一貫教育校の場合、中学校入学手続き時のみ必要な学校、中学校入学手続き時と、高校進学時にそれぞれ入学金が必要な学校のふたつがあります。さらに高校進学時に必要な学校でも、高校から入学してくる生徒と同じ金額の学校、それよりは安くなる学校のふたつに分かれます。中等教育学校は中学入学手続き時のみ入学金が必要となります。

金額にかんしては、20～40万円の間の学校が多く、入学手続きの際に全額納入します。

授業料

授業を受けるために必要な費用のことで、毎年支払うことになります。その年のぶんを一括で支払う学校、半期ごとに支払う学校、3期に分けて支払う学校など、支払いのかたちは学校ごとに異なりますので、その確認は欠かせません。金額は学校ごとにかなり幅があります。また、高校では、高等学校等就学支援金として、授業料が一律11万８８００円（世帯の年収に応じて、さらに1・5～2倍の助成あり）減額されます。

施設費

学校の施設拡充や修繕、維持のために使われる費用で、必要のない学校もあります。

必要な学校の場合は、金額は5万円ほどから20万円程度の学校が多く、初年度は入学手続時もしくは入学時に納入します。2年目以降は、初年度と金額が変わったり、必要がなくなったりと学校によってさまざまです。

その他

これらのほかに、生徒会費、PTA会費、副教材費、実験学習費、制服費など、学校ごとにさまざまな名称、目的の費用があり、金額や納入のタイミングも幅があります。

学校によっては、制服の費用まで、かなり細かく公開しているところも多くありますので、確認してみましょう。

修学旅行費

私立校の修学旅行は、公立校に比

べるとバラエティーに富んでいます。

行き先は国内はもちろん、国外に行く学校も多く、全員で同じ場所に出かけるものや、現地で少人数のホームステイを行うものなどがあります。

期間も、長いものでは2週間以上にわたって滞在する学校もあり、得難い経験ができるぶん、費用は高くなることを考慮しなければいけません。

こうした修学旅行費は、一度ではなく、事前に毎月積み立てるかたちで集められるのが一般的です。

交通費

お子さんが通う学校の場所によっては、年間トータルで考えた場合に、意外に交通費がかかることがあります。

とくに、家から1時間半以上かかるような場所に通っていたり、バスやモノレール（東京であれば多摩モノレールなど）を使わなければならない場合は要注意です。年間で20万円を超えることもあります。

学費とは関係なしに毎月決まった金額が出ていくわけですから、しっかりと把握しておきたいところです。

寄付金と学校債

また、学校によっては、寄付金や学校債の協力をお願いしているところもあります。

寄付金は、よりいっそうの学習環境の充実などのために、学校から保護者のかたにお願いするものです。

学校債は無利子の債券で、高校卒業時に返還されます。

どちらも基本的には任意ですので、かならず払わなければいけないというものではありません。金額も学校によって異なります。

補助学習費

中学・高校で必要な教育費のなかで、お子さんが私立校に通うよりも公立校に通っているご家庭の方が支出が多かったり、ほとんど変わらない分野があります。それが「補助学習費」です。

補助学習費とは、家庭内学習費や家庭教師、学習塾などにかかる費用のことで、２００８年度（平成20年度）の文部科学省調査によると、そのうち学習塾費は、

中学1年生：11万８０３５円（私立）
12万４５５１円（公立）
中学2年生：11万５８７４円（私立）
15万６９７４円（公立）
中学3年生：15万７０７８円（私立）
28万１５２０円（公立）
合計：39万９８７円（私立）
56万３０４５円（公立）

と、中学3年間では公立校が私立校を上回っています。

高校では3年間の合計は25万４０９７円（私立）と23万１６４円（公立）とほとんど差がありません。

また、家庭教師費も、

中学1年生：3万２６０４円（私立）
2万９４６７円（公立）
中学2年生：2万５７９０円（私立）
2万４８５９円（公立）
中学3年生：2万２２９０円（私立）
3万４２２５円（公立）
合計：8万６８４円（私立）
8万８５５１円（公立）

と、私立校の方が少し低くなっていることがわかります。

これは、たんに高校受験や大学受験の必要がないからというだけではなく、授業はもちろん、各種の講習や補習など、学校内での教育が充実しており、家庭内学習費が抑えられる傾向があることの表れでもあります。

このように、各学校の学費を見る際には、総額だけではなく、その内

訳も細かくチェックすることで、お子さんが入学してからの3年間、もしくは6年間の費用を考えやすくなるのではないでしょうか。

受験料について

受験料は、各学校の入学試験を受験する際に必要な費用で、2～3万円の学校が一般的です。

注意が必要なのは、近年、複数回入試を実施している学校が増えていますが、同じ学校の入学試験を複数受験する場合も、それぞれ受験料がかかるということです。受験料が1回2万5000円の学校を2回受験するならば、5万円が必要になります。

ただ、学校によっては、1回ぶんの受験料で複数回受験できるところも増えてきました。

また、複数回受験すると、合格や、補欠合格のボーダーライン上にいた場合に優遇を受けられたりする場合もあります。

こうした情報も、各学校のホームページ、パンフレット、学校説明会などから知ることができますので、複数回受験を考えている学校についてはチェックを忘れないようにしましょう。

特待生制度と学費助成制度

最後に、さまざまなかたちで家計の助けとなる特待生制度や学費助成について紹介します。

特待生制度

特待生制度は多くの私立学校で用意されています。初年度は入学試験の結果から決まるため、その権利を得るために複数回入試を受けることもあるようです。特待生向けの特別進学コースを設置している学校もあります。

金額の面では、授業料の全額免除、半額免除など、期間の面では、1年ごとに更新、3年ごとに更新、6年間とおしてなどさまざまで、初年度に対象とならなくても、学業成績によっては次年度から受けられる場合もあります。

また、特待生制度とは異なりますが、経済状況の急変で通学をつづけることが困難になってしまった場合に、種々の救済措置を設けている学校も最近は増えています。

この背景には、各ご家庭の経済的負担を少しでも減らすことで、第一志望のお子さんにできるだけ入学してもらいたいという各校の考えがあります。

学費助成制度

こうした学校ごとの制度とは別に、自治体や行政法人などによる学費助成も、高校生向けを中心として、給付と貸与の両方のかたちで数多く存在します。各助成ごとに条件も異なりますので、お住まいの自治体の制度も確認しておくといいでしょう。

個性を持った自立的な人間の創造　SEIKEI

成蹊は、人を創る

幅広い分野の学習、多彩な行事、活発な課外活動により、自らの才能を自覚し、伸ばす環境づくりに教職員全員が力を注いでいます。

充実した教育内容、小学校から大学院がワンキャンパスに整う恵まれた教育環境、情熱溢れる教職員に触れ、成蹊の伝統とともに飛躍される皆さんの入学を心より期待します。

文化祭（蹊祭）　〈予約不要〉

会場：中高キャンパス

10月1日（土）・2日（日）　公開時間 10:00～16:00

*中高合同開催
*上履きおよび履物袋をご持参ください。
*10:00～15:00予定で、個別進学相談コーナーを開設します。
*10月1日より願書を配布します。

中学 学校説明会　〈予約不要〉

会場：成蹊大学キャンパス

〔第2回〕**10月22日（土）**

〔第3回〕**12月3日（土）**

時間はいずれも13:30からです。（2時間程度）

＊説明会終了後、キャンパスツアーがあります（希望者のみ）。
＊説明会は上履き不要ですが、キャンパスツアー参加ご希望の方は、上履きおよび履物袋をご持参ください。
＊中学国際学級入試の説明も行います（10/22のみ）。

2012年度入試募集要項

入試区分	募集人員	試験日	選考内容
一般（第1回）	男子 約50名 女子 約35名	2月1日（水）	国語・算数 理科・社会
一般（第2回）	男子 約25名 女子 約20名	2月4日（土）	
国際学級 （1年・4月入学）	男女 約10名	1月10日（火）	国語・算数・英語 面接（本人のみ）
中2帰国生 編入試	男女 若干名	1月10日（火）	国語・数学・英語 面接（本人のみ）

成蹊中学・高等学校

〒180-8633 東京都武蔵野市吉祥寺北町3-10-13
〔TEL〕0422-37-3818〔FAX〕0422-37-3863〔E-mail〕chuko@jim.seikei.ac.jp〔URL〕http://www.seikei.ac.jp/jsh/

THINK
&
SHARE
◆入試説明会（6年生対象）
【10月】10月3日(月)・4日(火)・8日(土)10:30～
※申込期間：9月1日(木)～21日(水)
【11月】11月5日(土)・14日(月)・19日(土)・24日(木)・25日(金)10:30～
※申込期間：10月1日(土)～21日(金)
【12月】12月1日(木)・3日(土)10:30～
12月17日(土)入試直前説明会　10:30～
※申込期間：11月1日(火)～21日(月)
◆入試説明会（5年生以下対象）
【10月】10月7日(金)10:30～
※申込期間：9月1日(木)～21日(水)
【11月】11月5日(土)13:30～
11月16日(水)10:30～・19日(土)13:30～
※申込期間：10月1日(土)～21日(金)
【12月】12月10日(土)10:30～
※申込期間：11月1日(火)～21日(月)
※各回とも定員150名、内容は同じです。
※事前のお申し込みが必要です。詳細は学園ホームページをご覧ください。
◆獅子児祭（学園祭）
10月29日(土)・30日(日)10:00～16:00
※申し込み不要
世田谷学園　中学校　高等学校
SETAGAYA GAKUEN SCHOOL
〒154-0005 東京都世田谷区三宿一丁目16番31号
TEL(03)3411-8661　FAX(03)3487-9113

「明るい挨拶・美しい言葉・すっきりした知性」の三つを、私たちが大切にする実践目標としています。

■**学校説明会** ※予約不要

第2回	第3回	第4回
9/17(土) 10:30	11/5(土) 13:30	11/23(水・祝) 10:30

第5回	第6回	第7回
12/3(土) 10:30	12/18(日) 10:30	1/7(土) 13:30

★**イブニング説明会** ※要予約

10/14(金) 18:30〜20:00

■**ミニ説明会** ※要予約

第1回	第2回
11/12(土) 13:30	12/24(土) 13:30

■**国語・算数入試対策会** ※要予約

第1回	第2回
9/24(土) 14:00	10/22(土) 14:00

■**学園祭**

10/1(土)・2(日)
10:00〜15:00
※入試相談コーナー設置

■**2012年度中学入試要項(概要)**

	第1回		第2回		第3回	第4回
試験日	2/1(水)		2/2(木)		2/3(金)	2/5(日)
	午前	午後	午前	午後	午前	午前
募集人員	50名	30名	20名	10名	10名	10名
試験科目	●2科(国·算)または4科(国·算·社·理)の選択制 ●生徒のみのグループ面接					

※毎回の試験の得点により特待生(A·B·C)を選出します。

CJ CHIYODA

千代田女学園 中学校 高等学校

〒102-0081 東京都千代田区四番町 11 番地 電話 03(3263)6551(代)
●交通<JR>市ヶ谷駅・四ツ谷駅(徒歩 7〜8 分)
<地下鉄>四ッ谷駅・市ヶ谷駅(徒歩 7〜8 分)/半蔵門駅・麹町駅(徒歩 5 分)

http://www.chiyoda-j.ac.jp/

系列の武蔵野大学へ多数の内部進学枠があります。

学校説明会　予約不要

10月22日（土）　13：30～
11月　6日（日）　11：00～
11月26日（土）　13：30～
12月10日（土）　13：30～
1月14日（土）　13：30～

蜂桜祭［文化祭］

10月8日（土）・9日（日）
9：00～15：00
※両日とも入試相談コーナーあり

合唱コンクール

11月 24日（木）
10：00～12：00頃
会場：川口総合文化センター

TEIKYO

帝京大学系属

帝京中学校

〒173-8555 東京都板橋区稲荷台27番1号　TEL. 03-3963-6383
● ＪＲ埼京線『十条駅』下車徒歩１２分
● 都営三田線『板橋本町駅』下車A1出口より徒歩8分
http://www.teikyo.ed.jp

何かが出来そう　何かが出来た

田園調布学園
中等部・高等部

http://www.chofu.ed.jp

〒158-8512 東京都世田谷区東玉川2-21-8　Tel.03-3727-6121　Fax.03-3727-2984

＊東急東横線・目黒線「田園調布」駅下車 〉〉 徒歩8分　＊東急池上線「雪が谷大塚」駅下車 〉〉 徒歩10分

学校説明会日程（予約不要）

第２回	10月13日（木）	10:00～
第３回	11月11日（金）	10:00～
第４回（小6対象）	１月14日（土）	10:00～

学校行事

なでしこ祭	９月24日（土）	9:30～
	９月25日（日）	9:00～
体育祭	10月８日（土）	9:00～
定期音楽会	１月25日（水）	12:30～

＊詳細はHPでご確認下さい。

オープンスクール

10月13日（木）　9:00～ 学校説明会・授業参観

中等部入試

	第1回	第2回	第3回
募集定員	90名	90名	20名
試験日	2/1	2/3	2/4
試験科目	４科 面接	４科 面接	４科 面接

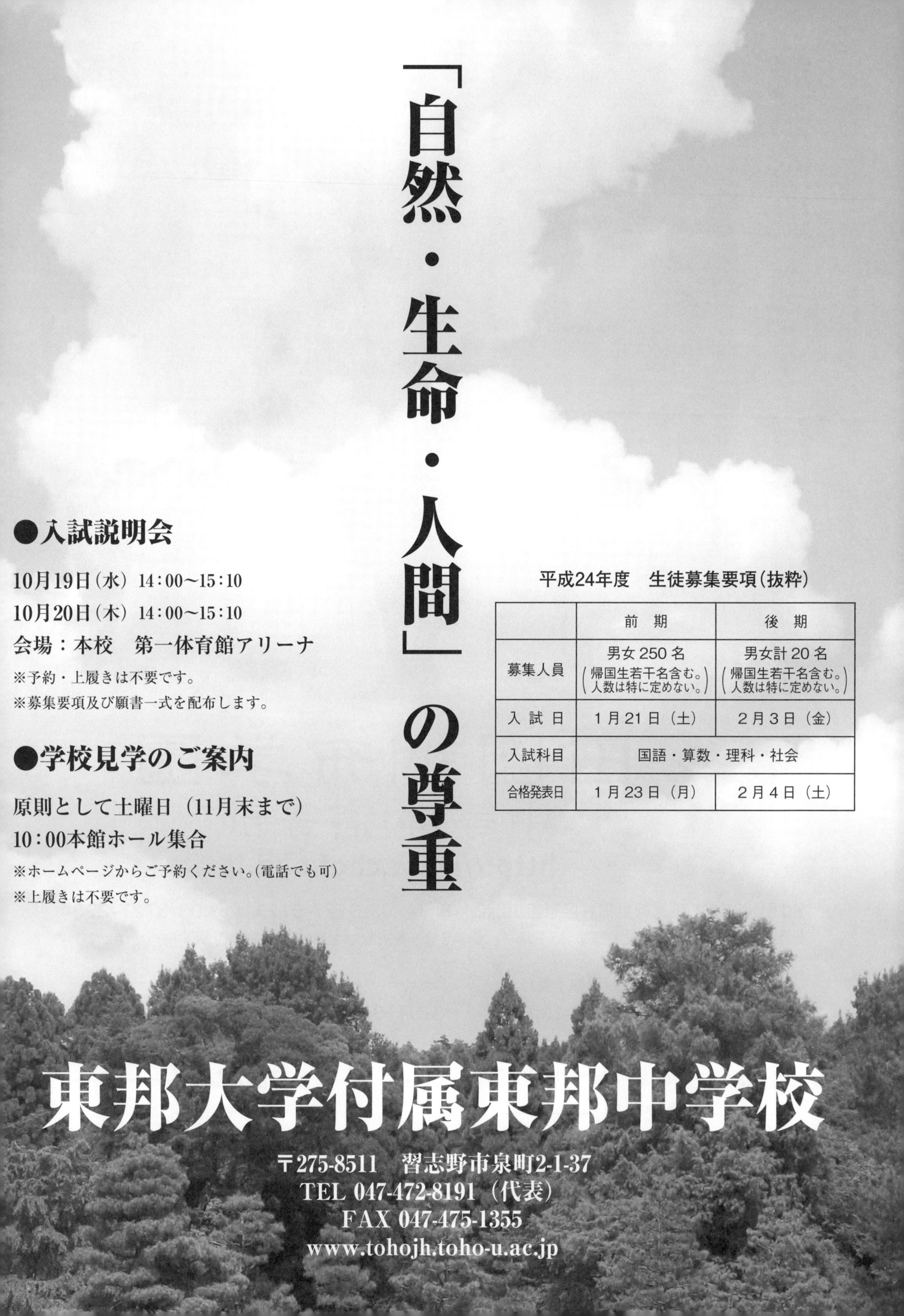

過去問題の取り組み方

受験まで あと100日

入試まであと100日になりました。受験する学校の出題傾向によって勉強の仕方も変わってきます。そこで、傾向をつかむために過去問題を解いてみましょう。ここでは、過去問題の取り組みかたについてアドバイスしますので、参考にしてください。

最大の目的と取り組み方

最大の目的と取り組み方

過去問題が受験する年の試験に出題されることはまずありません。それなのにどうして過去問題を解かないといけないのかと思う受験生もいるでしょう。しかし、これから入試本番に向けて実践力を養うためには、積極的に過去問題に取り組むしか方法はありません。そしてあと100日というのは、その時期に来ていると言えます。

過去問題を解く最大の目的は、受験する志望校によって出題傾向がちがうため、過去問題を解いて特徴をつかむことにあります。志望校の出題形式、内容、時間配分など、学校の傾向を知っておけば、今後の学習の仕方も変わってきますし、受験への不安も軽減されます。どの学校を受験するにせよ、学力的に差のないライバルたちより優位に立つためには、これからの過去問題対策はかかせません。

さらに、その学校の出題傾向が自分に合っているかなども判断できる目安になります。あまりにも自分と受験する学校の出題傾向が合っていないようなときは、対策を練る必要があります。場合によっては志望校の変更も視野に入れなければいけません。しかし、相性が悪いと決めてかかるより「なにが原因で、なにを改善すれば点数が伸びるのか」を知りましょう。また、逆に出題傾向が自分にピッタリ合った併願志望校を見つけて受験しておくのもひとつの手段となります。

何年ぶん解けばいいの??

「1年ぶんだけ解けばいいや」という受験生もいるでしょうが、1年ぶんだけでは志望校の出題傾向はつかめませんので、第1志望の場合は最低でも5年ぶん。第2、第3志望校でも3年ぶんくらいを目安にするとよいでしょう。

入試問題は複数の教科担当者が問題を持ち寄り最終決定されることが多いので、必要以上に年数を気にする必要はありません。

ここで出題傾向の変化が見られやすいポイントをあげておきます。

○受験教科数や時間に変更があった場合
○受験回数の変更
○受験日の移動(サンデーショックなど)
※このほかにも学校説明会など学校側から出題傾向の変化についての説明があるので、チェックする必要があります。

また、社会科では出題傾向がつかみやすいので、時事問題などを中心に組み立てられている学校であれば、直近の3年ぶんをさかのぼって注意すればよいでしょう。

対策としてご家庭の食卓などで日ごろから時事問題を話題にしておくと、学習へのモチベーションもあがり、知らず知らずに定着していきますので家族の会話も重要です。

解き方としては、ただがむしゃらに解くだけでは意味がありません。1回ごとにていねいに取り組んでください。もちろん答え合わせやまちがい直しもあせらずに理解しながら行ってください。

また、傾向として近年では多くの学校が記述問題を多く出題するようになり、とくに国語や社会などの記述問題には特別な対策が必要です。まちがって正解がわからないときなどは、塾の先生に聞くのも手です。信頼のおける先生に添削をお願いするようにしましょう。

記述問題では、解答に部分点を設定している学校がほとんどですので、「キーワードが含まれているか」「主語・述語が合っているか」など採点に慣れた先生にアドバイスしてもらいましょう。そして再度自分で解答してみると、定着しやすくなります。このほかにも志望校の問題傾向や対策も教えてくれますので、遠慮せずにじょうずに塾も利用しましょう。

本番と同じような緊張感で解こう

受験と同じような緊張感を持って取り組み、実際の入試に近い環境をつくって問題を解きましょう。時間を計る際には、ストップウォッチが使いやすいですが、受験当日は持っていけませんので、腕時計や壁かけ式の時計を見ながら時間配分を習慣づけましょう。本番と同じような経験をしておけば、実際の入試においても力が発揮できます。ですから、1回1回を真剣に取り組み、不得意分野や科目がある受験生は、この過去問題が得点力を伸ばす最後のチャンスだと思って集中して机に向かいましょう。

実際の試験問題はかならずしもやさしい順番に問題が並んでいるわけではありません。

○問題を見て、おおまかな時間配分を考えてから問題にとりかかる。
○すぐに解ける問題とじっくり考える問題と分ける。

このふたつをまず過去問題を解く前に心がけましょう。

初めのうちは時間が足りないのは当たり前ですので、自分のペースでミスがないように解きましょう。1問を解くのにかかる時間も計ってみるのもいいかもしれません。そうすることでこのような問題はどれくらいの時間が必要だとわかります。

本番では確実に解ける問題から解いていき、自信のない、または時間がかかる問題はあとから解くようにしましょう。

４教科で合計１５０〜２００分間という長い時間の緊張感のなかで、毎教科、最初に頭脳を使い疲労してしまうと、確実に解ける問題も「引っかけ」などでミスしてしまう恐れもでてきます。このように時間を意識した練習を繰り返すと、問題をざっと見ただけで「これは時間がかかるな」「これは時間をかけなくてすみそうだ」という感覚が身についてきます。試験時間のムダがないように工夫して取り組んでください。

できなかった箇所の見直しを

過去問題を解いたら、できなかったところをきちんと見直しましょう。時間や出題傾向は把握したのに、見直しをせずにいたのでは自分の不得意な箇所《かしょ》は発見できません。いまの時期は、まちがえた箇所をていねいに復習しなければなりません。単純なミスは、つぎからしないように気をつけましょう。苦手な分野が発見できたのなら、そこを克服するように勉強してください。不得意分野が出題されてしまうと、成績に大きな差が出てしまいます。苦手な分野をできるだけなくし、まんべんなく得点できるように対策をとってください。

とくに基本的な問題の正答率をあげることを心がけましょう。たとえば、算数の計算問題や一文問題、国語の漢字や語句などの知識問題がそれにあたります。

このような基本問題を落としてしまうと、ほかの高度な応用問題で挽回しなくてはいけなくなり、大きなハンディを背負ってしまうことになります。

また、時期が迫ってくると、どうしても発展問題ばかりが気になってきます。しかし、算数における計算力や国語の漢字力などの基礎力がなくては、より高度な応用問題が解けるはずはありません。基礎学力をあげていくことで、いずれ発展問題も解けるようになり、志望校合格へのいちばんの近道になるのです。

何点取ればいいの？

過去問題を解いて、何点ぐらい取ればいいのでしょうか。

年度や学校によって左右されるので一概に点数を決めることはできませんが、参考になるのは、合格者最低点の数値です。教科ごとに合格最低点をクリアすることが当面の目標の数値になります。４教科ともに合格最低点に達すればかなり有望です。

一般的に入試の合格ラインは60％強です。学校によっては55％のところもあります。入試は合格することが目的で、１００点満点を取ることを目的にしてませんので、志望する学校が求めている合格ラインに達しているかを見極めてください。ですが、年度によっては80％が合格点の場合もありますので、過度に点数だけを気にせずに過去問題に取り組みましょう。

いずれにせよ、どの教科も基礎や標準問題をクリアすれば、試験の6割の点数は取れますので、基礎・標準問題は落とさず確実に点数を取るように心がけましょう。

受験までの時間はかぎられています。大事なのは、結果をとおして現在の実力を知り、どこに力を入れて勉強すべきか、課題を発見することなのです。そのために、基本を一つひとつていねいに確認しながら総合力をあげていくことが、確実な勉強方法だといえます。

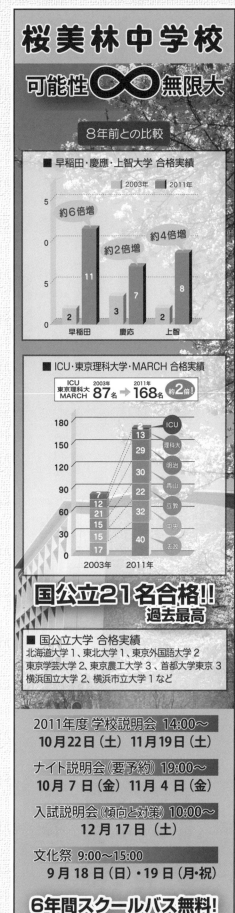

国語

知識問題をおさえる

国語の過去問題を解くのに大切なことは、できるだけ短い時間で文章を読み、理解する力です。

国語の問題形式は大きく分けて知識問題と読解問題のふたつがあります。知識問題は漢字の読み書きや文法、語彙《ごい》などで全体の30～40％の割合で出題されます。

読解問題は文章の読解力を問われる問題で60～70％出題されます。一般に偏差値の高い上位校ほど、読解問題の割合が多くなります。

国語の対策としては読解力を養うことが重要になりますが、読解問題が苦手な人でも知識問題ができていれば、じゅうぶん合格できる可能性はあります。一般的に合格点のラインは60％ですので、知識問題をとりこぼさなければ、あとは読解問題で半分得点すれば、合格点に到達するのです。

なかでも漢字は知識問題で重要なのはもちろん、読解問題を伸ばすうえでの土台になります。また、記述問題での解答でまちがいや減点の要因になるため、国語の勉強では漢字学習はかかすことができません。

基本的な漢字は、将来どの分野に進んでも必要になりますので、「この機会に全部覚えよう」という意気込みで取り組んでください。

読解問題の対策

長文の読解問題の対策として最も基本的なことは、時間内に読みきる力をつけることです。実際の試験は時間内に長文を読んで理解して、問題に答えなければなりません。ゆっくり読んで解いていると、時間が足りなくなるので、スピードが絶対に要求されます。

低学年のころから読書の習慣がある人は、読むスピードが自然と身についていますが、そうでない人がいまから読書を習慣付けるのは難しいでしょう。ですので長文に慣れていない人は、積極的に長文問題に取り組んでください。短時間に区切られた文章を読むので、読書に不慣れな人でも取り組みやすいでしょう。あまり長い文章だと、途中で挫折してしまうおそれがあるため気をつけましょう。

国語の過去問題を解くペースとしては、1週間に1校のペースで取り組むとよいでしょう。1校につき少なくとも2年ぶんの過去問題をていねいにやってください。同じ学校を2、3回演習をすることで、入試傾向がわかるようになります。標準的な長文2題構成や学校によっては、長文1題や記述が多い学校もあります。

これからは、学校の出題傾向に合わせて学習していくのですから、志望校をイメージしやすくなり、学校に対するモチベーションもあがって学習効果も、解くスピードもあがってくるでしょう。

記述問題の対策と採点方法

記述問題では、解き終えたらまず、自分で模範解答と比べてみてください。模範解答が自分の解答と根拠が一致しているかの確認です。根拠としておさえる部分がちがう場合は、なぜちがうのか確認してみてください。解答を読んでもわからないときは、塾の先生に聞いてみましょう。その問題を先生に解説してもらい、理解することが大切になります。

それから、つぎに大事なのはおさえたポイントをどう表現していくかです。解答ではおさえるポイントは合っているのに、表現がちがうという場合もあるでしょう。

これは、物語文の心情問題で気持ちを表す言葉が使われている場合に多く見られます。登場人物の表情や動作など、活字では表されていない場合の表現を推し量り、それを解答するのは大変むずかしい作業だからです。

このような場合は、予備的な知識あるいは経験の有無が問われることも多いので、保護者などおとなに意見を聞くことも大切です。そのうえでもう一度、見直して自分だけの表現ではなく、客観的な表現力を身に付けて、採点する先生に伝わる書き方を学んでいきましょう。

ていねいな字で書きましょう

字をていねいに書けることは、実力のひとつです。

いくら時間内に問題をクリアできていたとしても字が汚かったり、乱雑な文字であれば、どんなに好意的に採点しても、採点者が字を判別できなくては減点になってしまいます。

また書き取り問題や国語の記述問題では「書き癖」にも気をつけましょう。一見きれいでおとなのような字を書く場合でも、漢字のつづけ書きの癖や、一部が省略されたような字も減点材料となります。

これを防ぐために、記述問題と同様、保護者がチェックしましょう。問題があればそれを指摘して、きちんとした字を書くように練習させてください。新聞のコラムやテキストの文章を使って、一定時間内に原稿用紙に書き写すという練習が効果的です。

あくまで過去問題 点数は気にせずに

過去問題を解いたら、なるべく塾の先生に評価してもらいましょう。解いた過去問題の学校でその年度の問題であれば、「何点くらいできなければいけない」、「この問題はまちがってはいけない」など総合的な評価を受けることが大切です。そのための復習にはどういった勉強をしたらよいかなども教えてくれます。

たとえば、同じ50点でも、「50点しか取れない」のではなく、あと何点取ればよいのかを考え、つぎの演習にいかすことが重要です。出題によっては50%の得点率でも合格レベルに達する場合もあります。そういった知識を塾の先生は熟知していますから、アドバイスをもらうようにしましょう。

漢字の勉強法

前述したように漢字を正確に書けないことは、漢字の書き取り問題の失点だけではなく、記述試験でもハンディとなります。

漢字練習を通じて語彙《ごい》を増強すれば、読む力が向上するほか、使える言葉が増えます。基礎学力のトレーニングにあたる漢字練習は毎日続けてください。

意味のわからない言葉があったときには、その字を覚えるだけではなく、辞書で意味も調べましょう。そこで行ってほしいことは、例文をかならず確かめることです。そしてその言葉を使用した例文を、自分でつくってみてください。自分の言葉でつくった例文は覚えやすく、「使える言葉」になるので、例文は最低限読み、できるようなら例文をつくる癖もつけましょう。

計算問題と1行問題を確実に得点にする

算数の過去問題では計算問題や1行問題のできぐあいをチェックしましょう。

計算問題や1行問題はたいてい試験問題のいちばん最初の部分に設定されています。合格するには絶対落としてはいけないところです。もしここでミスをしてしまうと、よりむずかしい問題で挽回しなくてはいけなくなります。

学校によっては、いちばん最初ではなく、最後に計算や1行問題を設けているところもあるので注意しましょう。過去問題の演習を行うときには、ざっと目をとおして、大まかな時間配分を考えてから取り組む必要があります。

計算問題や1行問題がまちがっているようなら、単なるミスによるものか、理解力の不足によるものなのかも確かめる必要があります。もし、理解力の不足なのであれば、解説をよく読んで理解してください。さらに類題にもチャレンジして、考え方が一致するまで定着するように学習しましょう。

できる問題とできない問題を判断しよう

過去問題を解くうえで大事なのが、できる問題かできない問題なのかの判断です。明らかにできない問題に時間をかけていたのであれば、試験時間を失うことになります。

その問題を見て、できる問題なのか、できない問題なのか、早く判断できるようになってもらいたいと思います。できない問題を無理に解かなくても合格ラインに届いているのならば、解く必要はありません。ただ、その判断が誤っている場合もありますので、過去問題を解いたあとには、塾の先生にチェックしてもらいましょう。

算数の過去問題の場合は、どの受験生も、初めは時間が足りないのが当たり前です。できる問題とできない問題があると初めからわかっていれば、心に余裕ができ、慌てずに問題に取り組むことができます。ただ、できない問題のなかにもできるはずの問題もあります。このような問題はあとで復習しておきましょう。そうすることで、できる問題が少しづつ増えていきます。

これが過去問題演習の最大の目的です。

また、復習のときに見逃されがちなのが、「正解できたが、時間がかかってしまった」問題です。ひとつの問題に時間をかけ過ぎてしまい、ほかの問題まで手がつけられなくなってしまった経験はだれもがあります。ですが、正解したことで、復習のときにその原因を追求せずに、そのままにしてしまうことがあります。正解したという結果だけにとらわれず、時間がかかった原因を自分自身で改善していかなくてはいけません。

自分で解説を読みながら勉強していると、習ったものとはちがう解き方にであうことがあります。この場合は、いままで知らなくてすっきりした解き方が記されていれば、それを素直に取り入れて学習しましょう。さまざまな解法を覚えることは応用力を伸ばすことにもつながります。

しかし、この場合に注意しなければいけないのが、かならずしもよい解き方とは言えない方法が記されている場合があることです。解説を読んであまり理解できないときや、うまく解けないときは、塾の先生に質問するのがよいでしょう。ただ、先生に質問するときは「この問題を教えてください」というのではなく、「この問題の解説のここまでは理解できるけど、ここからがよくわからない」「このように考えたけど、うまく答えがでなかった」と、より具体的に質問をするようにしてください。そのように質問すると、質問された先生も熱意に応えようと、よりていねいに説明してくれる効果も生まれます。

算数

計算ミスをなくすためには

計算ミスをしてしまった場合にはどうしたらミスをしなくなるのかを、追求しておく必要があります。

試験にミスはつきものですが、そのミスが「単なるうっかりミスだから」と軽い気持ちでいると、またつぎも同じミスを繰り返す可能性があります。

まったくできなかった問題も、単純な計算ミスでまちがえた問題もまちがいは同じです。ケアレスミスが多い人は自分にもっと厳しくならないといけません。「後悔先に立たず」のように、試験が終わってミスが原因で後悔しないためにも自分の傾向を知りましょう。そして1行ごとに見直しをしながら計算を解くなどをしてください。

計算の過程を書き残しましょう

図形などの記述式を出題する学校には採点基準が当然あります。採点基準の判断はむずかしいので、塾の先生に聞くほうがよいでしょう。このときに、必要なことが書いてある場合は解答欄にめいっぱい書く必要はありませんが、多くの受験生はどこまで解答欄に書けばいいのか判断しにくいため、できるだけ多くの解答を書くことが現実に即していると思います。

答えだけを書いて、式・考え方などを書いていない場合は、不正解あつかいになってしまう場合がほとんどなので注意しましょう。

復習のノートをつくろう

過去問題を解いたあとは、まちがえた問題をきちんとノートに書いておきましょう。それが、いちばんの自分に合った復習教材になります。これからは算数の勉強に使える時間もかぎられてきます。過去問題を解くだけでも相当な時間が必要になってきますので、同じ問題を繰り返す余裕はないでしょう。このような自分だけの復習ノートをつくっておけば、時間も短縮できて、自分の弱点が一目瞭然になります。

ノートのつくり方として、左側にまちがえた問題をコピーして貼り付け（書き直しても可）、右側には解答を整理して書いておきます。復習するときは右側を隠しながら、左側の問題を解くのがよいでしょう。

このように自分だけのオリジナルノートをつくれば、わかりやすく、なおかつ大事に最後まで使うようになります。

社会

Social Studies
9月10日土曜日　日直　○○
月曜日は地図帳を持ってくること

社会は知識量

社会は4教科のなかでも最も知識量がものをいう教科です。

過去問題の演習をきっかけにして、知識があいまいな部分をどんどん補っていきましょう。過去問題の結果で悪かったとしても、落ちこむことなく、前に進んでいくことが大切です。

過去問題に取り組むときには集中力も緊張感も高まっています。そのぶん記憶も残りやすくなっています。

なかなか答えが思い出せないときでも、すぐに諦めるのではなく、ギリギリまで記憶をたどってください。そうすると、模範解答と自分の解答を見比べたときに、記憶はよりいっそう定着します。まちがったところがあれば、そのまちがいを覚えることで終わらせるだけではなく、その答えの時代背景なども整理して、しっかり記憶にとどめるようにしましょう。

そしてその知識を立体的につなげることが大事になってきます。実際の入試問題では、問題集のまとめのように、一問一答形式で出題されることは、まずありません。地理的に離れた地域、または、時代的に大きく離れたできごとの類似点・相似点などを問題にされることがよくあります。一つひとつの問題では、答えられるのに、このような問題だと答えられなくなってしまうのでは困ります。覚えた知識をムダにしないためにも、地理的な関係や時代の流れのなかでの関係を意識して、立体的につなげて勉強していく必要があります。

また、答えは同じでも、かなり個性的な問い方をする学校もありますので、過去問題をとおして傾向をつかんでおいてください。

何年ぶんの過去問を解けばいいの？

第1志望は5年ぶん、第2志望は3年ぶん、それ以降だと1、2年ぶんの過去問題をすることをオススメします。そして、毎回、気づいたことをメモ帳などに短くコメントにして控えておきましょう。5年ぶんのコメントがあることで後から役にたってくるでしょう。

社会の答案で気をつけることは、漢字です。漢字の指定がない場合はひらがなでも○になる学校は多いですが、質問に漢字指定がある場合は、当然ひらがなでは×になってしまいます。できるだけ漢字で書けるようにしておきましょう。

知識問題だけではなく、記述問題のときは、第三者に解答を見てもらいましょう。その場合、塾の先生が一番よいでしょう。記述問題の部分点については問いの条件に答えられているかがカギになります。たとえば、問題に「表を見て」「下線部を見て」という一文があれば「表や下線部」を見てわかることが入っているかどうかが、部分点の条件になってきます。社会の記述問題も部分点がありますので、記述試験のトレーニングを何度も解いて、問いの条件に沿った解答が書けるようになってください。

時事問題に注意しましょう

時事問題は昔のできごとは出題されません。ここ1、2年間のできごとが出題されます。世の中の関心事（ニュースなどで取りあげられる機会の多い事項）は、少なからず出題内容に影響を与えています。

大きなできごとがあった年には関連問題が多く出題されます。

ことしは、3月に東北で大きな地震と

福島県って岩手県の次に大きいんだ!?
ふくしまけん

津波による災害がありました。それによる原子力発電所の事故で電力が供給できなくなり、原子力に替わる代替エネルギーのニュースが多く流れるようになりました。来年度はこのような時事にも注意が必要でしょう。

ケアレスミスをなくす

ほかの教科と同じようにケアレスミスをなくしましょう。

社会の場合、問題をよく読まずに答えてしまい、まちがってしまうことがあります。

・「正しいもの」を選択するのか、「まちがっているもの」を選択するのかといった選択ミスがおこりやすいのです。この場合は「これだ」と思った選択肢に正解があっても最後の選択肢まで目を通しましょう。

・「ひとつ」選ぶのか「ふたつ」選ぶのか、それとも「すべて」選ぶのか

こういった問題も出題されますので、問題文にチェックを入れて、確かめるなどをしてミスを防ぎましょう。

分野別学習法

《地理》

地図帳を活用した学習をしましょう。日本の国土のようすや各地方・都道府県の特徴を整理しましょう。県庁所在地や平野、山脈、河川、湖など、どこの都道府県にあるのかを地図帳で確かめながら学習しましょう。

さらに中心都市の産業などもまとめて、ほかの地域と比較しながら、類似点や相違点も注意しましょう。

《歴史》

重要なできごとの年号を覚えることが、全体の流れをおさえる意味でも重要になります。政治的な時代の移り変わりや、文化や人々の生活の変化なども関連づけて理解しましょう。また、歴史上の大きなできごとがあった場所などは、その位置と時代背景もしっかりとつかんでおきたいところです。

《公民》

公民は、用語の意味を正確に理解することが必要です。とくに日本国憲法の基本原則や、三権分立と選挙のしくみなどはしっかり覚えておきましょう。全体的には、地理や歴史と比べると覚える量は少ないので、意味を理解して取り組めば、学習しやすい分野だといえます。そのためには、日ごろからテレビやニュースの報道に興味を持ち、疑問に思ったら、両親や先生に質問する習慣をつけておくとよいでしょう。そうすると、自然と得意になりやすい分野といえます。

さらに、これら3分野が総合された問題も出題されますので、広い視野から問題をとらえていく姿勢も大切です。

理科

4分野バランスよく出題 最低限の基礎知識が必要

理科は、物理・化学・生物・地学の4分野に分かれます。試験問題も4分野からバランスよく出題されますので、各分野の最低限の基礎知識を完璧にしておく必要があります。全体ではかなりの量になりますが、一度学習したことなので、いま一度見直しをしましょう。

過去問題の解き方としては、制限時間より5分ほど時間を短縮して取り組みましょう。本番の試験では、緊張して時間が足りなくなる場合が多いので、あらかじめ短く設定します。

そして、基本的な問題や自分の得意な問題から解いていきましょう。また、得意な分野でも時間がかかる問題もありますので、各校の傾向を把握して、時間のかかる問題であれば最後に回しましょう。このような判断ができることは大切です。また、解いている最中にできない問題がでてきた場合は、気にせず飛ばして、つぎの問題に取りかかってください。そして時間が余ったら、飛ばしていた問題に取りかかるようにしてください。解けなかった問題は、採点するときに解説をよく読み、理解できなかった場合は塾の先生に聞いてください。わからないままにしておくのが一番危険です。

記述問題で字数制限のものがありますが、字数が少ないぶんにはそれほど気にする必要はありません。試験問題には受験生が用語を知らないことを想定して出題している場合があるからです。用語の知識が豊富である受験生は制限字数の半分くらいになってしまうこともありますが、それでも正解です。ですから、適切な用語が使われていて、意図が明らかになっていれば正解になります。

図を描いたりして視覚で覚える

最低限の基礎知識が必要とされている理科の勉強は、ただ机に向かって勉強するだけでは、おもしろみもなく、効率の悪い勉強になってしまいます。そこで、用語を覚えるときなどは、色のついた絵や図を見ながら、視覚的に頭に入れるのが効果的です。また、事典や図鑑もおおいに活用しましょう。理科をあつかうテレビ番組なども、印象を強める効果があります。

さらに図を描いて覚える習慣も身につけましょう。昆虫や植物のつくりの絵を描く問題が出題されることがありますから、その対策にもつながります。初めは下手でもかまいません。たとえば、昆虫では、足や羽の付きかたなど、どこがポイントになっているか、ひと目でわかるようにするのが、絵を描いたときのポイントです。

そして描いた絵は先生に見てもらいましょう。見落としがないかチェックしてもらえるほかに、関連する重要な事項も解説してくれます。

このような勉強は、一方的に聞くだけの授業と比べて、はるかに印象に残り、深く定着するものです。

計算問題への取り組み方

水溶液の計算問題などが代表的ですが、比例・反比例の関係を利用して解くものがほとんどです。苦手な人は基本的な問題にあたって、その考え方をしっかりマスターしていきましょう。

入試問題には複雑で高度な問題もありますが、基本が理解できていなければ、どんなに解説の研究に時間をかけても力にはなりません。焦らず、じっくりと基本を積みあげていくことが大切です。難問は捨てるといった割り切りも大事です。

また、理科の公式については、その公式で答えが導きだせる理由を理解しておいてください。単なる丸覚えでは、定着が悪いうえに、応用がききません。

明確に正義を貫く強い意志

●学校説明会

10月29日（土） 在校生による学校紹介・施設案内

11月26日（土） 出題者による入試問題の傾向と対策、ワンポイントアドバイス

1月 7日（土） いまから間に合う説明会

※時間はいずれも 13：45～15：15

●三黌祭（文化祭）

10月1日（土）・2日（日）

※入試相談コーナーあり

アクセス

JR横浜線・小田急線「町田駅」、京王線・小田急線・多摩都市モノレール「多摩センター駅」、JR横浜線「淵野辺駅」の各駅から直行便および路線バス
（急行・直行バスは登下校時のみ運行）

［平成24年度入試要項］

	第1回	第2回
日程	2月1日（水）	2月2日（木）
募集人数	男女160名	男女100名
試験科目	国・算・社・理 各50分 100点	
発表	2月1日（水） HP・掲示	2月2日（木） HP・掲示
手続き	2月6日（月）16時まで	

〔変更点〕

①第3回入試が廃止されます。

②募集人数が男女260名となります。

③2科4科選択がなくなり、4科目受験のみとなります。

④手続き期間が長くなります。

日本大学第三中学校

〒194-0203　東京都町田市図師町11－2375

電話 042－793－2131　FAX 042－793－2134　URL　http://www.nichidai3.ed.jp/

Hachioji Jissen

平成24年度
八王子実践 高等学校/中学校

学校説明会

生徒・保護者対象

学校説明会 開催日時

中学校	10/15（土）	10：00
	11/ 5（土）	10：00
	12（土）	10：00
	19（土）	10：00
	26（土）	10：00
高等学校	10/15（土）	14：00
	11/ 5（土）	14：00
	12（土）	14：00
	19（土）	14：00
	26（土）	14：00
	12/ 3（土）	10：00・13：00
	10（土）	10：00・13：00

事前予約不要	所要時間
上履き不要	約**1**時間

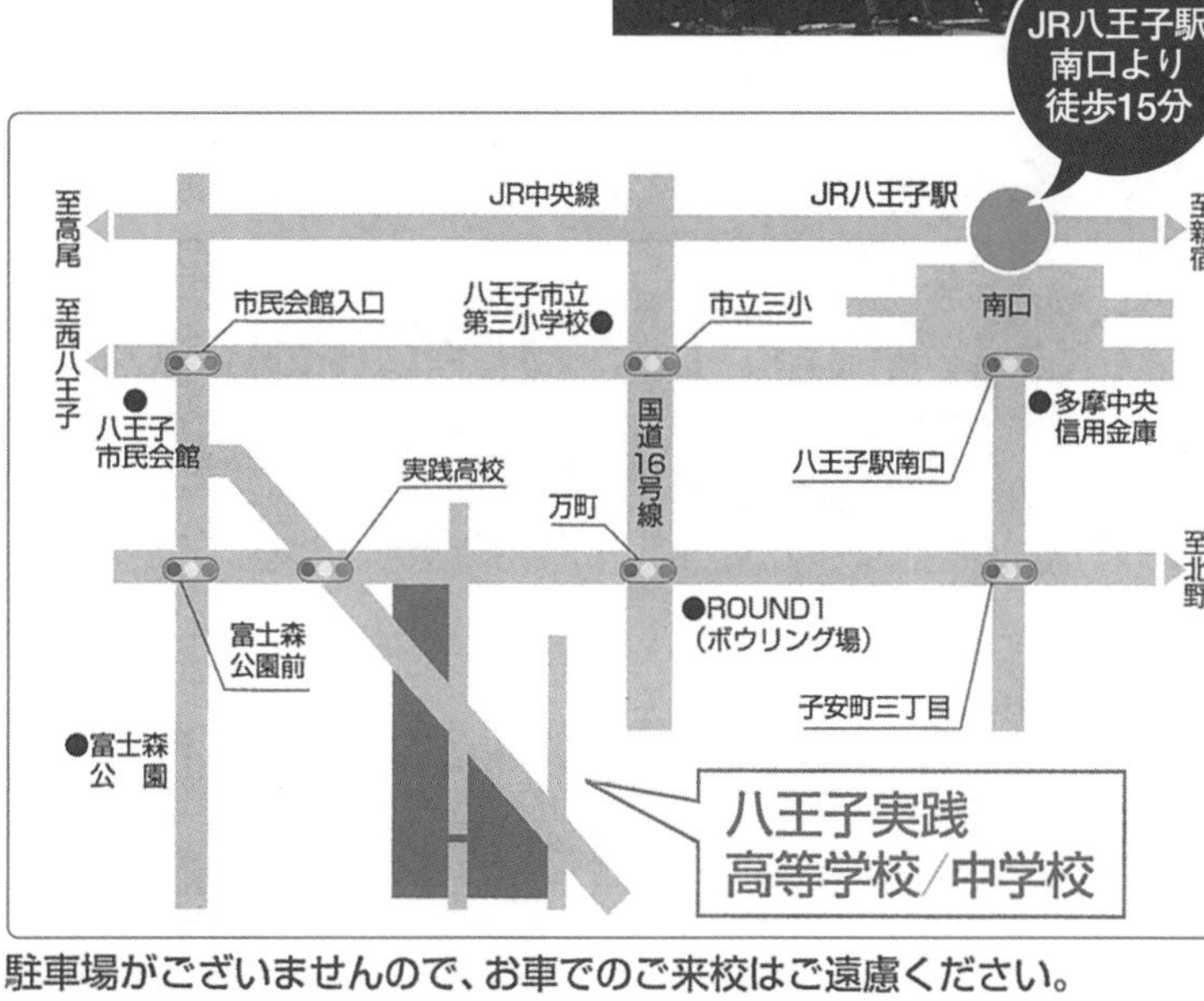

駐車場がございませんので、お車でのご来校はご遠慮ください。

八王子実践 高等学校/中学校

〒193-0931 東京都八王子市台町1-6-15
TEL 042-622-0654 FAX 042-627-1101

http://www.hachioji-jissen.ac.jp

富士見の教育

～考え、学び、成長する日々～

「生きる力」を身につける

本校では１９８９年に選抜クラスを設けましたが、生徒たちの人間関係がぎくしゃくするなど、弊害が目立つようになりました。そこで、２００３年にフラットなクラス編成に戻したところ、「みんなで頑張ろう」という空気が生まれ、進学実績もかえって向上し、生徒達も明るく元気になりました。

本校ではこのフラットなクラス編成が一定の成果を上げたもとの判断し、来年度以降の学習システムそのものを見直すことにしました。その大きなポイントは、新学習指導要領に合わせ、一人ひとりの進路希望を満たせるようなカリキュラムにしたことです。

高1までの4年間はすべての生徒が同じカリキュラムで学びますが、中学校では英数国の三科をより充実させながら、芸術科目の時間数も増やしました。教養を幅広く、自分のものにすることで、人としての基礎、土台を広く強くし、真の意味での「生きる力」を身につけてもらいたいのです。そして文・理を選択する学年を、これまでの高1から高2に引き上げました。これにより教養をしっかり身につけ、自分の将来の目標がより明確になると考えています。

人間としてより大きな成長を

富士見は選抜コースを設けることなく、ごく普通の学校らしい学校でありたいと考えています。それは、行事やクラブ活動、委員会活動を通して生徒達が活躍する場面がたくさんあること、そして生徒達が「今を精一杯生きる」ことを原動力として「未来へのモチベーション」を高めていくところにあると考えています。

体育祭の閉会式では生徒全員が肩を組み、校歌を大きな声で歌うのも富士見の伝統です。生徒と共に教員も一緒に行事を楽しみます。体育祭や競技会では複数の教員チームが生徒とリレーで競います。校長や教頭も走ります。

また成人の日には学年の8割もの生徒が母校に集まってきます。学校が招待しているのではなく、卒業生から自然と幹事が名乗りをあげ、自分たちで企画します。こんなところにも、生徒の一体感と富士見生の母校への愛着を感じ取っていただけると思います。

生徒達は多感な中高生時代に様々な成功体験や失敗体験を積んで成長していきます。自己肯定感を育みながら自分の未来像を描いていきます。勉強もやるけど、クラブや行事にも精一杯取り組む、それが富士見生であり、富士見の教育です。

School Data

富士見中学高等学校

〒176-0023
東京都練馬区中村北4-8-26
Tel 03-3999-2136
Fax 03-3999-2129
http://www.fujimi.ac.jp

燃えよ！価値あるものに

Be inspired 2012

学校見学会・説明会日程

内容	日付		時間	対象
オープンスクール	11月12日(土)		14:00～17:00 ※時間内いつでもどうぞ	児童・保護者
薔薇祭(文化祭)	9月17日(土)	※相談コーナー+校内案内ツアー	10:00～15:00	児童・保護者
	9月18日(日)	※相談コーナー+校内案内ツアー	9:00～15:00	児童・保護者
学校説明会	10月15日(土)		10:00～12:00	児童・保護者
10:00からの回では給食の試食(有料)ができます。	10月28日(金)	※夜の学校説明会	19:00～20:30	児童・保護者
	11月26日(土)		10:00～12:00	児童・保護者
帰国生のための説明会	10月 8日(土)		10:00～12:00	帰国生・保護者
入試説明会 両日とも同じ内容です	12月10日(土)		14:00～16:00	児童・保護者
	12月18日(日)		10:00～12:00	児童・保護者
入試体験会	(2012) 1月14日(土)		14:00～16:00	児童・保護者

各回とも、本校の概要や授業の特色、入試についての説明を行います。回により受験生には、体験授業を用意しています。説明会内容や体験授業のメニューは、ホームページでご確認ください。事前予約・お問い合わせは電話・FAX・Eメールのほか、ホームページからも受け付けます。

New
2011.4
校名が新しくなりました
Bunsugi

文化学園大学杉並中学校

(旧・文化女子大学附属杉並中学校)

〒166-0004 東京都杉並区阿佐谷南3-48-16 TEL.03-3392-6636 FAX.03-3391-8272
www.bunsugi.ed.jp E-mail:info@bunsugi.ed.jp

求めなさい　そうすれば与えられる
探しなさい　そうすればみつかる
門をたたきなさい　そうすれば開かれる
（マタイ7章7節）

Misono Jogakuin Junior & Senior High School

MISONO

ナイト説明会　※要電話予約
10月21日(金)　18:00～19:30(予定)
※上履き持参

学校説明会　※予約不要
11月12日(土)　9:30～11:30(予定)
過去問題勉強会
体験入学
12月10日(土)　9:30～11:30
面接シミュレーション

クリスマスタブロ　※要電話予約
12月17日(土)　14:30～16:00(14:00開場)
生徒による聖劇上演

授業見学会　※要電話予約
11月・1月
(各月1回予定、1月は6年生および6年生の保護者限定)
※上履き持参

聖園祭(文化祭)
9月17日(土)・18日(日)
〈予備日・19日(月)・20日(火)〉
入試相談コーナーあり

聖《み》園《その》女学院 中学校 高等学校
〒251-0873 神奈川県藤沢市みその台1-4
TEL.0466-81-3333 http://www.misono.jp/

Study Skills ～すべてを備えて、世界へ～

茗溪学園の目指す人間像

困難に直面しても、希望を抱いて勇気をもって立ち向かおうとする。人間や生き物への深い愛情を胸に、価値観の異なる人たちとも連帯して解決していく、そういう青年を育てます。

このような教育のノウハウのひとつが“茗溪Study　Skills”です。基本的な階層からスパイラルに、繰り返し繰り返し体験し、思考し、少しずつ身につけていきます。

Study Skillsとは　～21世紀に求められる力～

茗溪学園の考えるStudy　Skillsとは“自ら学び・成長していく能力”の基礎となるものです。現代社会において、常に新しい知識や技術を学び取っていく力こそが、社会で活躍するために必要とされています。

茗溪学園の教育は特定の能力のみを伸ばすことではなく、ひとりの生徒のトータルでのパフォーマンスを向上させるようにデザインされています。これこそが茗溪学園の卒業生が社会で高く評価されている所以です。

また、単なる学習にとどまらず「体験を通して学習し考えること」、「必要な情報を自ら収集し取捨選択し再構成すること」、「思考し構成した情報を記述し表現していくこと」、という高い目標が設定されています。

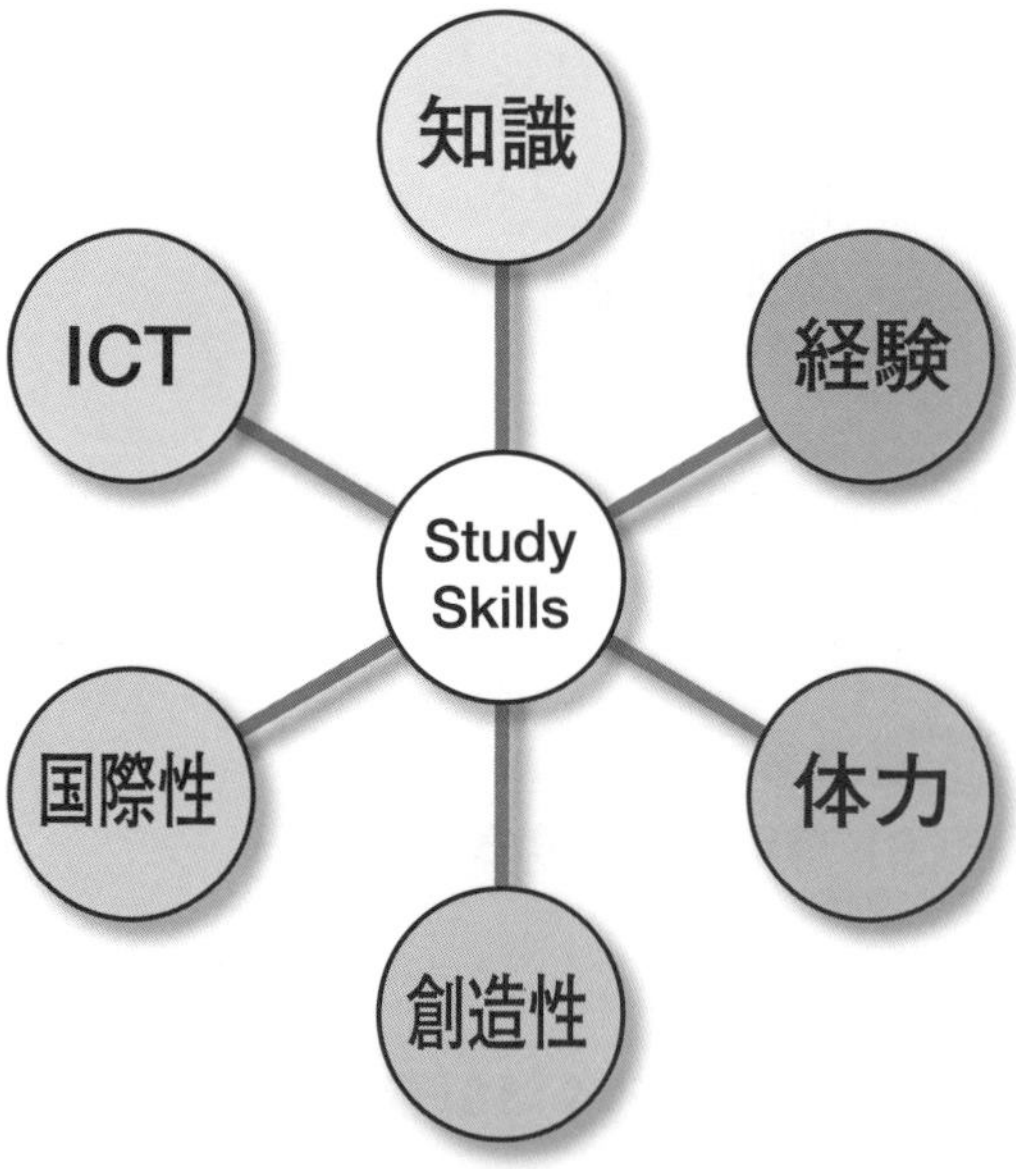

◆平成23年度学園説明会等のご案内◆

学園説明会	11月 5日（土）主に父母対象　14:30～16:30	
茗溪学園美術展	9月27日（火）～10月 2日（日）一般公開	
	※会場：茨城県つくば美術館　9:30～17:00（2日は14時まで）	

茗溪学園中学校高等学校

※茗溪学園は東京教育大学・筑波大学の同窓会「茗溪会」が1979年に創立しました。

〒305－8502　茨城県つくば市稲荷前１－１
ＴＥＬ：０２９－８５１－６６１１（代）／ＦＡＸ：０２９－８５１－５４５５
ホームページ：http://www.meikei.ac.jp　／ e-mail：kouhou@meikei.ac.jp

女の子のための こころとからだの ケア

～試験日に月経がきてもだいじょうぶ～

※「生理」は正しくは「月経」と言います。正しい言い方ができるようにしましょう。

受験期にはさまざまなストレスがお子さんにかかります。なかでも受験を控えた女の子には、「試験日が生理（月経）と重なるかも…」「試験日に急に始まったら…」「試験勉強に集中できなくなる」といった不安を感じているかたも多いのではないでしょうか。受験勉強も本格化するこの時期、お子さんには安心して試験当日を迎えてもらいたいものですね。

思春期のお子さんをサポートしているP&Gウィスパーハッピー「始・春・期」プログラム事務局に、月経との正しいつきあいかたについてうかがいました。

おうちのなかで話しあいましょう

初めての月経は小さな女の子が健康な「女性」となり、新しい命を産める身体になっていくための、大切な出来事です。月経はめんどうでいやなものだと思わないように、月経がはじまる前にご家庭でしっかり話しあっておきましょう。

初経がきたらお子さんに「おめでとう」とことばをかけてあげてください。月経は女性が自分の身体の調子を知るためのバロメーターでもあり、大切なものだということを伝えてください。学校でも月経についての授業を受けますが、おうちのかたからの説明が大切です。

まだ初経を迎えていないお子さんには、いざというときに慌てないように、必要な生理用品を準備しておきます。ナプキン2～3個と生理用ショーツをポーチに入れて毎日持ち歩くカバンに入れておくようにします。

また、実際にナプキンの使い方を試してみるとよいでしょう。保護者のかたは、実際にナプキンを使って、つけ方、捨て方など基本的なことを、お子さんといっしょにやってみてください。使用後のナプキンの処理の仕方についても、トイレに流さない、むきだしでは捨てないといったエチケットも併せて知っておくとよいでしょう。

もうすでに初経を経験しているお子さんは、まず月経のリズムを知ることが大切です。月経がはじまった日から、つぎの月経がくる前の日までの日数を「月経周期」といいます。月経周期はふつう25～38日くらいですが、はじまったばかりのころは、すぐにつぎの月経がきたり、しばらくこなかったりと不安定です。半数くらいの人はリズムがきちんとするまでに5年ぐらいかかります。

とくに受験期では、試験の緊張やストレスで周期がずれることもあります。試験日に月経が重なってしまったら長めのナプキンを使って、替えられるときに替えるようにしましょう。試験会場のトイレは混みあうことも考えられますから、替えられずにもれることがないように備えましょう。

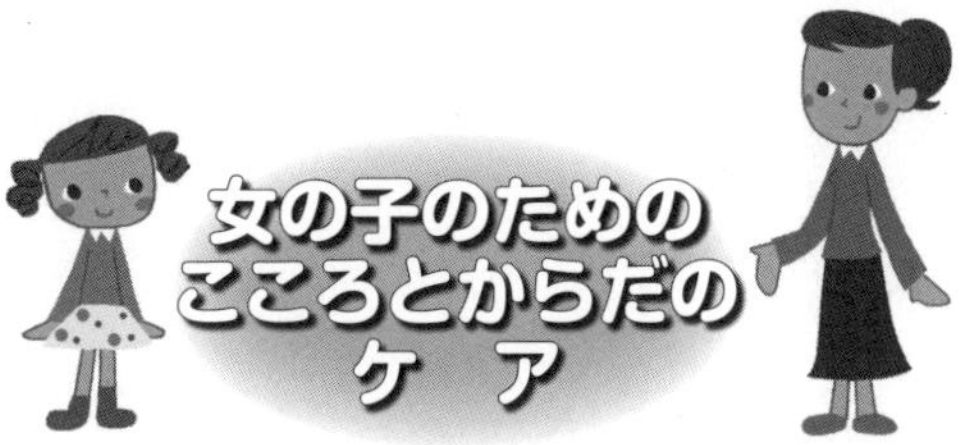

女の子の受験対策Q＆A

これから入試を迎える受験生のみなさんや保護者のかたの悩みや不安をお答えいただきました（監修　産婦人科医　堀口雅子先生）。

ふだんから気をつけたいこと

Q 6年生になって生理が始まりましたが、周期が不規則で、いつなるかわかりません。ナプキンは携帯していますが、ほかに気をつけることはありますか。

A 月経前にはおりものが増えたり、胸が張ったりします。ほかにも便秘や下痢、ニキビができたり、肌が荒れたり、また精神的にはイライラや憂うつなど、気持ちが不安定になることもあります。こうしたいろいろなサインが身体に表れますので、ふだんから気をつけてみましょう。

月経の周期を記録しておくことも大切です。月経周期がわかってくれば、つぎの月経日の目安になります。とはいえ、初経を迎えてすぐの場合は、周期的に月経がくる人は全体の半分くらいです。とくに受験期のストレスは月経周期にも影響を与え、月経が止まったり、逆に受験当日に突然きてしまうこともあります。いつもナプキンを携帯しておくと安心です。

Q クラスでも背が高い方なのですが、生理はまだです。どうなると生理は始まるのでしょうか。

A 身長や体重が急に増えて、おりものが増える、胸が張るなどの兆候がみられたら、初経が近いしるしです。「そろそろかな」と思ったら、すぐに準備を始めましょう。ナプキンやショーツをポーチに入れて、ふだんから持ち歩くようにしてください。生理用品は実際に使って練習してみましょう。おとなと子どもでは快適と感じるナプキンの種類がちがうこともあります。自分に合ったナプキンを見つけておけば安心です。月経の始まる時期は、人によってそれぞれですが、準備さえしておけば、まったく心配ありません。

Q 生理に対して漠然と不安を感じているようです。受験が近いので、なるべく不安を取り除いておきたいと思うのですが、どうしたらよいですか。

A 月経はおとなの女性だったら、だれにでもやってくる自然なことです。妊娠・出産と関係なく女性として生きるためにも、母になる日のためにも、月経は大切なものとして考えてください。女性の先輩であるお母さまなどが相談相手になって、ふだんから月経を前向きにとらえられるようにしておきましょう。

また、月経時のモレや失敗で不安を感じることのないように、量が多いときにはナプキンを昼間でも夜用にするなど、場面に合わせてじょうずに使い分けましょう。

受験勉強中のアドバイス

Q 生理前の方が生理中よりお腹や腰が重くなり、なんとなく勉強に集中できません。なにか改善する方法はありませんか。

A 症状を緩和するために、生活面でできることがいくつかあります。たとえば食生活ではカフェイン、インスタント食品や塩分の強い食品などを多量にとらないよう気をつけてください。甘いお菓子を食べ過ぎたり、眠気をさますためといって、カフェイン飲料をたくさん飲んでしまうと、かえって*PMSの症状が悪化します。思春期にはとくにバランスのとれた食事がとても大切。過度のダイエットもやめましょう（*PMS＝月経前症候群。月経前のおよそ2週間、ホルモンのアンバランスにともなって起こるさまざまな症状を、PMSといいます。腹痛や頭痛、乳房の痛み、疲れやすい、眠くなるなどの身体症状、イライラ、無気力、憂うつなどの精神症状などがよく知られています）。

Q 生理前や生理中の気持ちがちょっと沈みがちなとき、元気になれる方法はありますか。

A 食生活に気をつけたり、カモミールやペパーミントなどのハーブティーを飲むのも、身体を温めてくれるのでおすすめです。

また、適度な運動も効果的です。運動すると、βエンドルフィンという鎮静効果のある物質が血液中に増え、気分をリラックスさせてくれます。

ほかにも大好きな音楽や香りで元気になる方法もありますし、ぐっすり眠れるように寝具や照明を工夫したり、ミルクを人肌に温めて飲むのもよいでしょう。受験まであと少し。自分なりの気分転換法を見つけ、元気に過ごしましょう。

Q 生理中は少しお腹が痛くなります。痛み止めは癖になるといいますが、がまんした方がよいでしょうか。

A お腹が痛いときは、毛布や使い捨てカイロなどで下腹部を温めたり、月経痛体操で骨盤内の血

月経中の憂うつをやわらげるヒント

ヒント1 入浴は体を清潔に保ったり、血行をよくしたりするので、月経痛が軽くなる場合があります。

ヒント2 グリーンは癒しやバランスを整える効果が、黄色は明るい気分になる効果があるといわれています。憂うつなときはグリーンや黄色の服を着たり、小物を持ったりして気分を変えてみましょう。

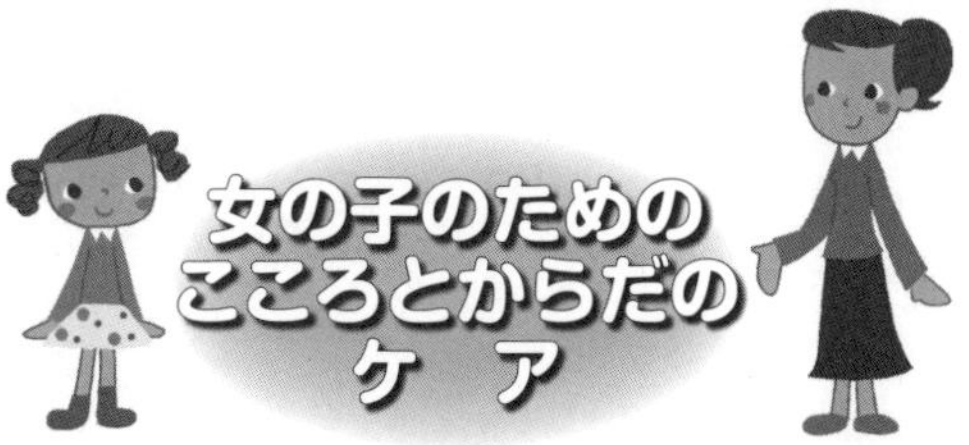

流をよくすることが効果的です。月経痛体操には、あお向けに寝て、そろえた両膝をあごに近づくまであげてから、ゆっくりもとに戻す動作を10回ほど繰り返すものなどいろいろあります。うつぶせで腕と膝をたて、猫のように背中を丸めたり伸ばしたりしてもよいです。

それでも月経痛がひどい場合は早めに痛み止めを飲むという方法もあります。毎月の服用で癖になったり、将来の妊娠に差しつかえることはありません。痛み止めは市販のものでかまいませんが、薬を飲む量やタイミング、間隔はきちんと守ってください。胃の不快感や眠気など副作用をともなうこともあるので、頭痛・歯痛のときなどに飲み慣れている薬が安心です。

また、痛み止めが効かないほどひどい場合は、早めに産婦人科のお医者さんに相談してみてください。

受験当日のアドバイス

Q 小5で生理が始まりました。だいたい月に1度の周期ですが、このままだと試験と重なりそうです。どんなことに気をつければよいでしょう。

A 試験の途中で始まったら…と心配なときは、試験当日の朝からナプキンを下着にあてていくとよいでしょう。さらに、予備のナプキンと、お守りとして、いざというときの痛み止め（頭痛・歯痛などで使い慣れたもの）を持ち、モレてしまってもめだたないような黒っぽい色の温かい服装ででかければ完璧です。

思春期が始まるころの子どもをサポートする

ウィスパーハッピー「始・春・期」プログラム

子どもたちが春を迎えるように明るく思春期を迎えられるようサポートするホームページです。

http://www.happywhisper.com/shishunki/

保護者向けページ

**「思春期を迎える子どもの保護者に知ってほしいこと
思春期の子どものココロとカラダ」**

不安や疑問でいっぱいの子どもたちには、保護者の方からのアドバイスや協力がとても大切。保護者ご自身が正しい知識を持ち、ご家庭で話しあうために、必読です。受験生に気をつけたいこともわかっていれば安心です。

月経が始まるころの女の子向けページ

ウィスパープチ

月経のしくみや上手な付き合い方について、知りたい情報が満載。お子さんがご自身で見るだけでなく、親子でいっしょに見て話しあえるといいですね。

そろそろ月経になりそうだと思ったら、試験日には受験票や筆記用具などの持ちものといっしょに、ナプキンやショーツといった生理用品を用意してください。
　前もって準備し、心がまえをしておくことで、月経で困ることのほとんどが解決できるものです。あとは平常心。いつもの自分でしっかり試験にのぞめるようにしてください。

Q 試験会場で急に生理が始まってしまい、万が一洋服を汚してしまった場合、どのようにしたらよいでしょうか。

A 洋服を汚してしまったら、セーターやトレーナーを腰に巻いたり、寒い時期ですから、コートをはおれば隠れてしまいます。
　まず、月経が来そうなときはナプキンを用意しておくことを忘れずに。もしナプキンがなければ、清潔なハンカチやハンドタオルをたたんでナプキン代わりにしてください。トイレットペーパーを多めに重ねても代用できます。
　お昼休みなど時間が取れるときは、恥ずかしがらずに試験官の先生に相談してみましょう。保健室には備えつけの生理用品があるはずです。

Q 生理痛がとても重く、試験と重なったら…と思うと憂うつです。薬で生理をずらせると聞きましたが、どんなものなのでしょうか。

受験のときのイチオシナプキン

受験期を快適に過ごすために、ナプキンの選び方にもひと工夫。
どんなときにどんなナプキンがよいか、選び方のコツをお教えします。

受験勉強中・受験本番は？

集中したい受験期にオススメ
すっきりスリム　動き回っても安心

多い日の経血もきちんと吸収し、大きな羽でしっかりショーツに固定して横モレを防ぎます。うすくて気にならないのもウレシイ。

長時間座りっぱなしの受験勉強にオススメ
ふっくらスリム　長い間座っても安心

多い日でも安心の長さ28cm。後ろが幅広いタイプなので、後ろモレが心配な長時間座りっぱなしの受験勉強時におすすめ。

寝不足になりがちの夜にオススメ
すっきりスリム　朝起きてあわてない

多い日の夜でも安心の長さ32cm。さらに幅広吸収バックガードで、眠っている間の後ろモレもしっかり防ぎます。

もしも…のときのために

さらふわスリム

「もし、試験中に生理になったら…」と不安なときは「さらふわスリム」を試験当日にはじめからつけていこう。カラーセラピーの考えを取り入れた「タンポポ柄」で不安なココロを明るく！

【ウィスパー製品に関するお問い合わせ】
P&Gお客様相談室　0120-021329
受付時間：祝日を除く月～金曜日・午前９時15分～午後５時まで

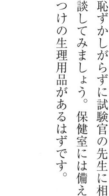

A ホルモン剤を飲んで月経を早めたり、遅らせたりする方法があります。

ただ、ホルモン剤は安易に使うものではありません。ほとんどの人は、自分の体調に合わせて準備をしておけば、受験日と重なっても心配いりません。たとえば、月経の量が多くて心配なときは吸収力の高いナプキンを使うとか、お腹を冷やさないように温かい服装にするなど、工夫してみましょう。

痛み止めが効かないくらい月経痛がひどいとか、どうしてもという場合は、月経を早める方がよいと思いますので、受験日の1カ月半くらい前までに産婦人科の医師に相談してください。

試験中にぐあいがよくないときは試験官の先生に早めに言いましょう。ほとんどの学校では、保健室などで試験を受けることができます。

子どもと相談してナプキンを選ぼう

子どもたちは試験中や授業中もモレが気になる

女の子たちがどんなときにモレを感じるかを聞いたアンケートでは、「寝ているとき」と答えた人が最も多く6割、ついで「運動」や「経血がどっと出たとき」ですが、「長時間学校や試験で座っているとき」も4割を超える女の子がモレの不安を感じています。

モレの不安を感じるときトップ5

1.	寝ているとき	61%
2.	運動をしているとき	55%
3.	経血が一度にどっと出たとき	51%
4.	長時間、学校や試験で座っているとき	44%
5.	朝起きたとき	39%

（12歳から24歳の女性　P＆Gウィスパー調べ）

子どもは運動量が多いのはもちろんですが、授業や試験中など、座ったまま立てない時間が長い点もおとなとは違います。子どもの生活パターンや、試験のときのことを考えて、子どもに合った大きさやタイプのものを選んであげたいものです。

ナプキンは相談して選ぼう

ナプキンのブランドを決めるとき、子どもと相談している場合は8割以上の子どもが、使っているナプキンに満足していると答えました。
いろいろ聞いたりアドバイスしていっしょに選ぶと良いですね。

決定者のちがいによるナプキン満足度

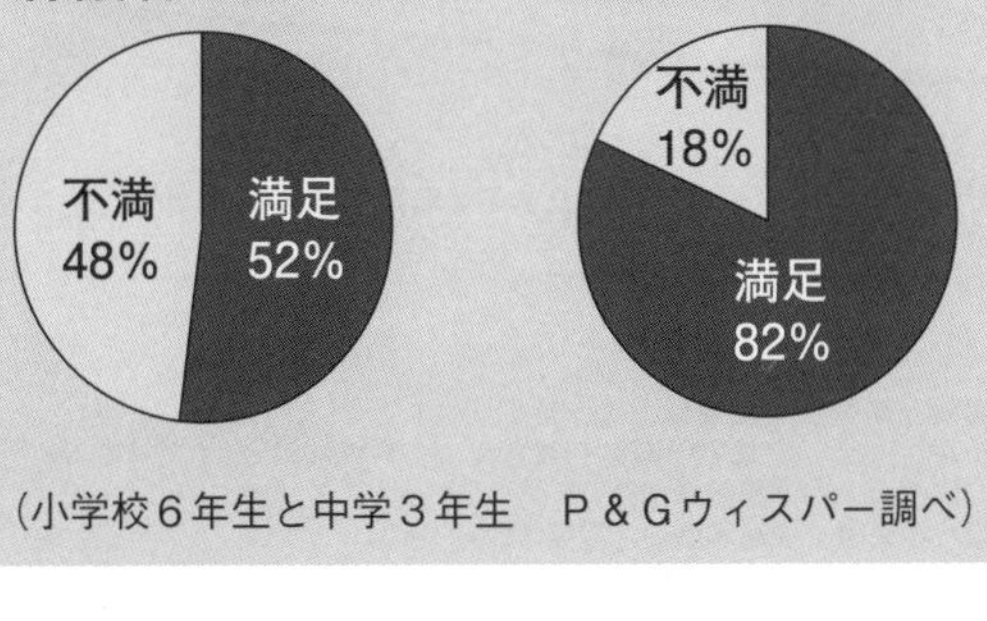

（小学校６年生と中学３年生　P＆Gウィスパー調べ）

ナプキン選びのポイント

好みもありますが、受験勉強や試験のときは長時間座っても安心の、長め・羽つき・かさばらないスリム型がおすすめです。

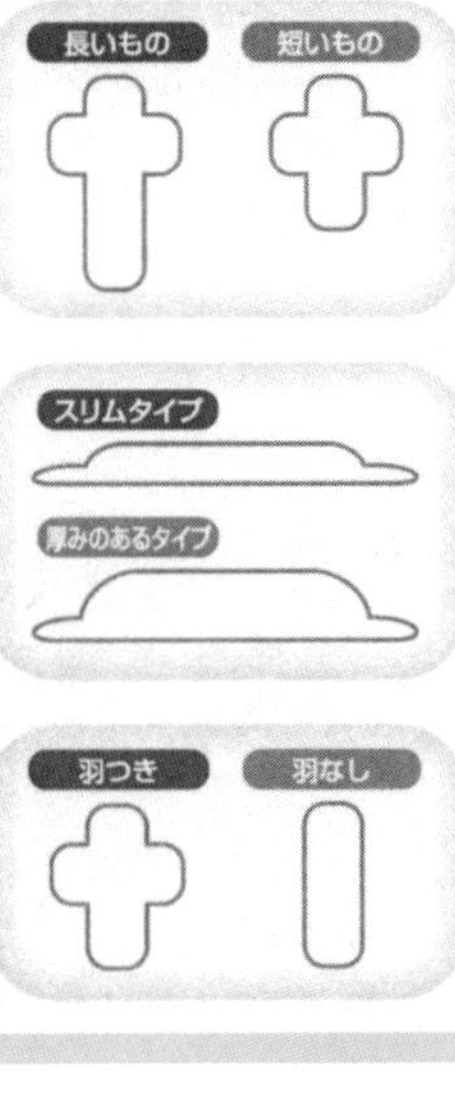

1.長さ

長いもの
- 課外授業など**長時間ナプキンを交換できないとき**
- 月経2日目前後など**量が多いとき**
- **夜寝るとき**

短いもの
- 経血量が少ないとき

2.厚み

スリムタイプ
つけている時のゴワゴワ感が少なく動きやすいので、特に日中の活動的な時間によい。かさばらないので持ち運びも便利。

厚みのあるタイプ
ナプキンをあてている安心感が欲しい人におすすめ。

3.羽（ウィング）

羽つき
羽でナプキンをショーツに固定できるため、ずれにくく横モレを 防ぎます。
運動するときなど活発に動く時に。

いつもよろこびのうちに

◆ 学校説明会

9.25(日) 10:00～11:30
10.15(土) 14:00～15:30
11. 2(水) 10:00～11:30
12. 1(木) 10:00～11:30
1.14(土) 14:00～15:30

※説明会後に、授業見学ができます。(9/25･10/15･1/14を除く)
予約不要。上履きをお持ちください。

◆ 学校見学日

11. 5(土) 12.22(木) 1.14(土)

※上記の期日の13:30～16:30の間、随時受け付けています。
予約不要。上履きをお持ちください。

◆ イブニング　ミニ説明会

9. 9(金) 10.28(金) 11.11(金) 12. 9(金)

※上記の期日の19:00～20:00。校内見学ができます。
予約不要。

◆ 学園祭(純花祭)

9.18(日) 9:30～17:00
9.19(祝) 9:00～15:00

※チケット制ですが、受験希望者には公開しています。
予約不要。上履きをお持ちください。

入試相談コーナーを設けています。

◆ クリスマス会

12.17(土) 14:00～16:00

※クリスマス会後に、校内見学ができます。
予約不要。上履きをお持ちください。

教育方針

- カトリック精神による心の教育
- 少人数によるゆきとどいた教育
- 英語教育の充実
- 進学希望を実現させる指導

目黒星美学園
中学高等学校

〒157-0074 東京都世田谷区大蔵2丁目8番1号
TEL 03(3416)1150(代)　FAX 03(3416)3899
http://www.meguroseibi.ed.jp

●最 寄 駅…
小田急線「成城学園前」バス10分(渋谷行･都立大学北口行･等々力行･用賀行)
田園都市線「用賀」バス20分(成城学園前行)
田園都市線「二子玉川」バス20分(成育医療センター行)

●バス路線…
成城学園前→用賀→等々力　成城学園前→渋谷
調布駅南口→渋谷　成城学園前→都立大 ］「NHK技研前」下車徒歩3分
二子玉川→成育医療センター「星美学園前」下車
都立大学駅北口→桜新町→成城学園前「星美学園前」下車
田園調布→上野毛→千歳船橋「三本杉」下車徒歩10分

ー中学受験のお子様を持つ親のためにー

わが子が伸びる親の『技《スキル》』研究会のご案内

主催：森上教育研究所　協力：「合格アプローチ」他

（ホームページアドレス）http://oya-skill.com/（携帯モバイルサイト）http://oya-skill.com/mobile/

平成23年度後期講座予定

第2回　9/15（木）
算　数
望月　俊昭（算数指導&執筆）

テーマ　図形ができるようにならない理由【全学年対象】

内　容　整数、場合の数、規則性、文章題などの数式分野での学びの中心は「こういうものは（こういうときは）こうして解く」という手順のマスターです。これに対し、図形分野は、図が描けなければ、また図形がイメージできなければ、「手順」は役に立ちません。前期スキルでは、＜自分で図を描き、自分の図で考える＞ことを中心に考えましたが、後期スキルでは、＜図形イメージを蓄積して使う＞という図形学習の中心部分について整理します。

申込〆切9/13（火）

第3回　9/21（水）
女子学院
金　廣志（悠遊塾主宰）

テーマ　女子学院入試攻略法【小6対象】

内　容　女子学院入試に絞った究極の攻略法。受験生の答案例などを参考にして4科の解法を指導します。
女子学院必勝をねらう受験生と父母にとっては必見の講座です。

申込〆切9/16（金）

第4回　9/27（火）
コーチ
小泉　浩明（学習コーチング）

テーマ　合格のための過去問活用法【小5・小6対象】

内　容　6年生の2学期は、志望校の過去の問題を演習し、上手にその対策を行うことで得点を伸ばす時期です。実施方法から結果分析や弱点対策まで、知っておきたい内容をまとめました。合格者最低点をクリアするための手法をお伝えしますので、ご活用下さい。

申込〆切9/22（木）

第5回　10/18（火）
国　語
小泉　浩明（学習コーチング）

テーマ　国語の入試問題予想【小5・小6対象】

内　容　過去のデータと最近の社会状況を踏まえ、平成24年度の入試問題を予想します。前半では、首都圏上位校の国語の問題全体に関し、問題文のテーマと設問の形式についてコメントします。また後半では、麻布・武蔵・女子学院などの上位校に関して、それぞれ個別にコメントしていきます。

申込〆切10/14（金）

第6回　10/25（火）
麻　布
金　廣志（悠遊塾主宰）

テーマ　麻布入試攻略法【小6対象】

内　容　麻布入試に絞った究極の攻略法。受験生の答案例などを参考にして4科の解法を指導します。
麻布必勝をねらう受験生と父母にとっては必見の講座です。

申込〆切10/21（金）

平成23年度後期ワークショップ予定

第2回　10/12（水）
国　語
早川　尚子（HP国語の寺子屋主宰）

テーマ　6年生　秋の質問会【小6対象　※小5でも可】

内　容　6年生、秋の質問会では、国語の勉強法はもちろん、受験や子どもの態度など、現在困っていることのご質問をあらかじめメールにていただき、当日、回答いたします。併せて、入試に必要な記述問題、選択肢問題の基本の復習プリントも用意いたします。
→ご質問はent@morigami.co.jp宛にお送り下さい。

申込〆切10/7（金）

第3回　11/23（水・祝）
コーチ
吉本　笑子（花マル笑子塾主宰）

テーマ　小学6年生で伸ばす、小学4・5年生の学習力育成術【小2～小5対象】

内　容　受験学年になって伸びる子は、「自分にあった学び方」を知っています。ポイントは、過度な無理をさける工夫をすること。そこで、「その子にあった学習方法」をタイプに分けてご紹介します。少々ゆっくりでも、日々の学習に手ごたえを感じられる学習を経験させてあげて下さいね。

申込〆切11/21（月）

第4回　12/2（金）
英　語
木村　千穂（英語絵本ブッククラブ主宰）

テーマ　多読につなげる英語絵本の始め方―X'masバージョン【未就学児～小6対象】

内　容　今回のX'masバージョンでは、この季節に相応しい絵本をご紹介します。東大入試攻略にも多読が効くことが理解され始めました。多読、とは、やさしい絵本からスタートし、徐々に語《ご》彙《い》レベルを上げながら多くの英文を読むことによって総合的な英語力を身につけていくという最近注目の英語学習法です。ご家庭で幼児から、お母様が始められる効果的な多読へのアプローチをご提案いたします。※初めてご参加の方には、講師著作小冊子「英語絵本でコミュニケーション」「英語絵本でコミュニケーション2」の2冊をセットでプレゼントします。

申込〆切11/30（水）

◇時間：各回とも午前10：00～12：00　詳しくはHPをご覧下さい。
◇会場：森上教育研究所セミナールーム（JR・地下鉄市ケ谷駅下車）→http://oya-skill.com/profile.html
※私学会館ではありませんのでご注意下さい。
◇料金：各回3,000円（税込）
◇お申込み方法：❶HP（http://oya-skill.com)からのお申込
❷FAX・メールでお申込→①保護者氏名②お子様の学年③郵便番号④ご住所⑤電話番号⑥参加希望講座名⑦WEB会員に登録済みか否かを明記して下さい。※申込〆切日16時までにお申込下さい。

お電話での申込みはご遠慮下さい

お問い合わせ　：森上教育研究所　メール：ent@morigami.co.jp　FAX:03-3264-1275

SOAR AROUND THE WORLD

～　世界へ羽ばたけ　～

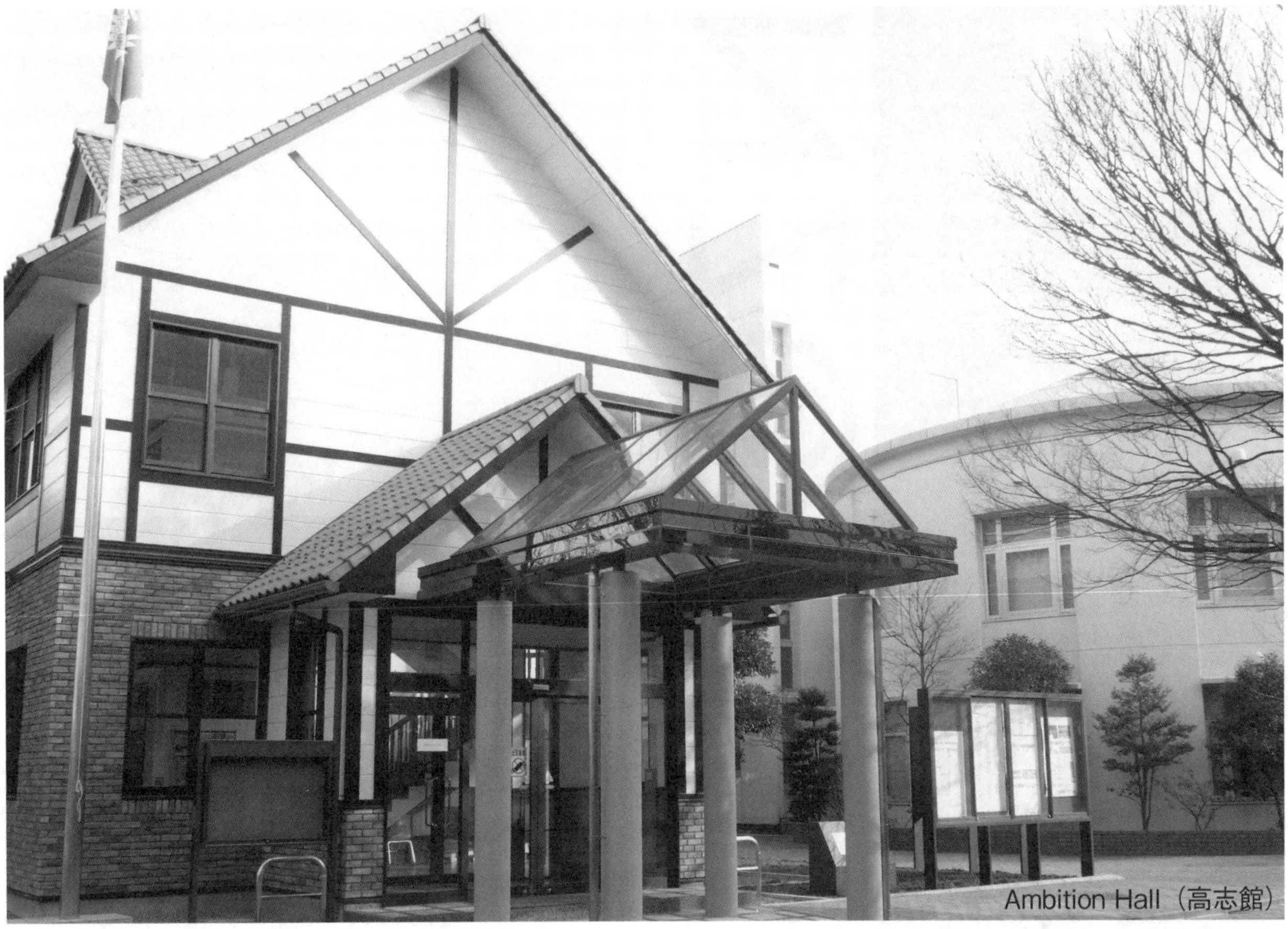

Ambition Hall（高志館）

■**学校説明会**【予約不要】

第１回 10 月 22 日（土）
第２回 11 月　5 日（土）
第３回 11 月 20 日（日）
第４回 12 月 23 日（金・祝）

各回 10：00～12：00
※各回とも同じ内容です。

■**文化祭**

9 月 24 日（土）・25 日（日）

両日とも 9：00～15：00
※ミニ学校説明会を
　数回実施します。

■**体育大会**

10 月 15 日（土）

8：30～16：00
※校内見学・説明会等はありません。

アメリカ・ネブラスカ修学旅行
「アドベンチャーゾーン（美術クラス・クラフト工芸

専修大学松戸中学校

〒271-8585　千葉県松戸市上本郷2-3621　TEL.047-362-9102
http://www.senshu－u－matsudo.ed.jp

ナットク@《アット!》算数

～算数のキホンはすべて小学校の黒板に書いてある～

かず　はじめ著
B6判　176ページ
ISBN978-4-7845-0658-3
1600円＋税

小学校の頃のあの黒板に書かれた、多くの知識を消さずに残すことにしました

こんなかたにオススメです

- 中学受験に挑もうとしている小学生
- 苦手だった算数に、もう一度チャレンジしようとしている中・高・大学生
- 算数だけは、自分の子どもに負けたくないと思っているお父さま、お母さま
- 算数の原点に戻って考えたいと思っているサラリーマンやＯＬのかたがた
- 算数の教え方がややマンネリになっていると思われている小学校の先生

塾の先生の目で、算数のキホンを
わかりやすくお伝えしてみました

●こんなことを目標に学習します

1時間目
いろいろな単位に強くなろう
世界でみられる単位のおもしろ話

2時間目
分数や小数に強くなろう
忘れちゃった分数の考え方を思い出す

3時間目
面積の計算に強くなろう
円の面積ってどうやって計算する?

4時間目
くらしの計算に強くなろう
「濃度」や「位取り」の極意がここに

好評発売中!

社会評論社
東京都文京区本郷2-3-10 お茶の水ビル
☎03-3814-3861　http://www.shahyo.com

中学受験 合格アプローチ 2012年度版

私立中学合格ガイド2012

あとがき

秋の訪れとともに、ご本人はもちろんご家族みんなで挑む「中学受験」も、いよいよ「追い込み」の時期に入ってきました。マラソンでいえば35㎞を過ぎたところ、いちばん苦しく感じるあたりかもしれません。しかし、あと少し走りつづければ、ゴールはもうそこに見えてきます。

この本は、受験まで「あと100日」をテーマに、さまざまな角度から「受験生、保護者のお役に立てる情報を少しでも多く」との思いで編集されたものです。

「中学受験」は、ご家族みんなが受験生に寄り添って駆け抜けるところに醍醐味や喜びがあります。

さあ、受験まで「あと100日」です。お父さま、お母さまはいつも笑顔を絶やさず、応援団でありながらパイロットでもありつづけ、温かくサポートしてあげてください。

努力をつづけたこの経験は、かならずご本人の財産として残ります。支えてくれたご家族の愛情も心に刻みこまれることでしょう。

編集部一同、心からご健闘をお祈りしています。

『合格アプローチ編集部』

営業部よりご案内

『合格アプローチ』は首都圏有名書店にてお買い求めになれます。

万が一、書店店頭に見あたらない場合には、書店にてご注文のうえ、お取り寄せいただくか、弊社営業部までご注文ください。ホームページでも注文できます。送料は弊社負担にてお送りいたします。代金は、同封いたします振込用紙で郵便局よりご納入ください。(郵便振替 00140-8-36677)

ご投稿・ご注文・お問合せは

株式会社グローバル教育出版

【所在地】〒101-0047
東京都千代田区内神田2-4-2 グローバルビル

【電話番号】03-3253-5944《合格しよう》(代)

【FAX番号】03-3253-5945

URL:http://www.g-ap.com
e-mail:gokaku@g-ap.com

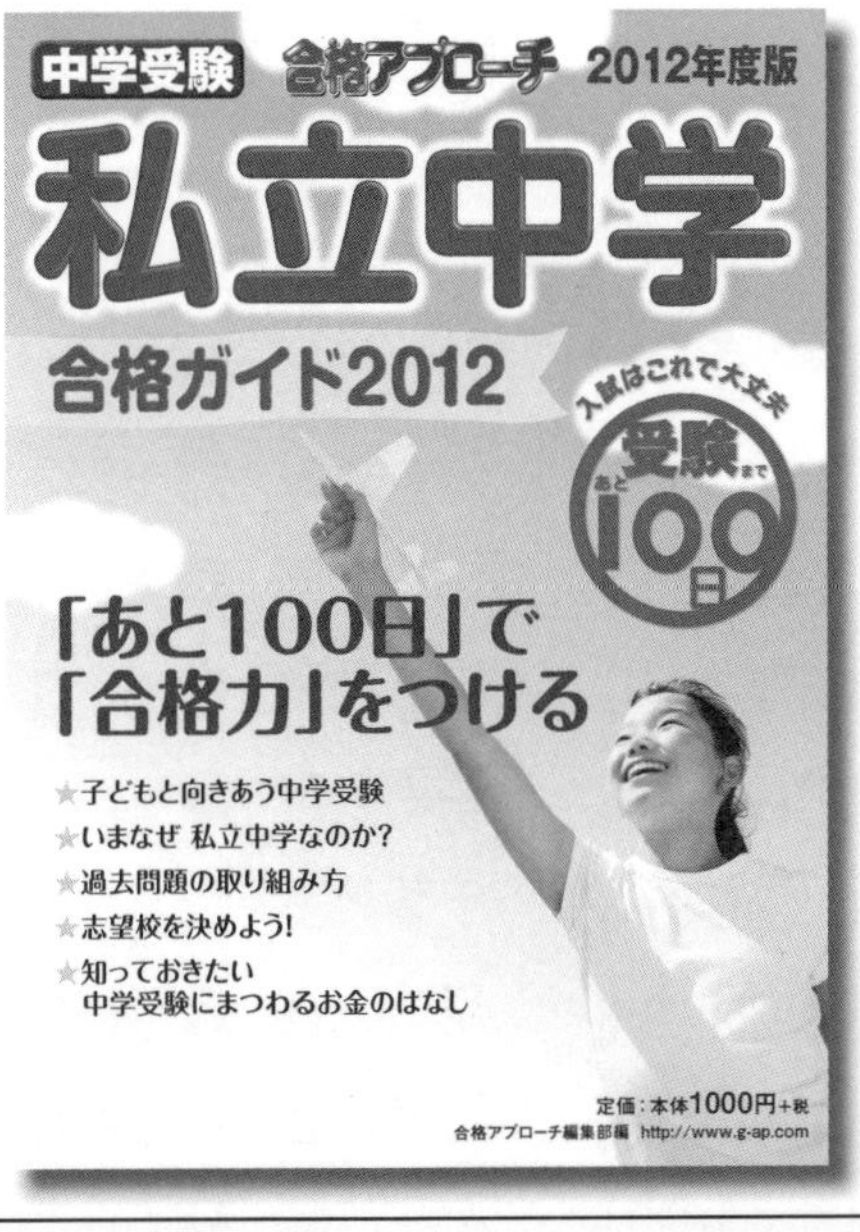

中学受験　合格アプローチ　2012年度版

私立中学合格ガイド2012

2011年９月10日初版第一刷発行

定価：本体 1,000 円 + 税

●発行所／株式会社グローバル教育出版

〒101-0047 東京都千代田区内神田2-4-2 グローバルビル

電話 03-3253-5944(代)　FAX 03-3253-5945

http://www.g-ap.com　郵便振替 00140-8-36677

首都圏 2012年度版　中学受験情報誌 合格アプローチ 臨時増刊

国立 私立 中学校 厳選ガイド266校

好評発売中

Ａ４変版 304ページ
定価：本体1,800円+税
ISBN978-4-903577-38-8

直接購入ご希望のかたは
☎03-3253-5944
グローバル教育出版
営業部、または弊社ＨＰ
よりご注文ください

全国の書店
でお求め
ください

現在、国内には700校以上もの中高一貫校があります。そのうち、首都圏には300校以上の学校が所在しています。また、これまでの国立・私立だけではなく、公立中学校においても、中高一貫校を新設する動きがつづいています。多くの選択肢のなかから、各家庭の考え方やポリシーに合わせた教育を選ぶことができるということは、非常に幸せなことです。しかし、その反面、選択肢が多いということは、どの学校にすればよいのか、悩んでしまうという側面も持ち合わせています。とくに初めて中学受験を経験されるご家庭においては、とても大変な作業です。そのような保護者のかたに、少しでもお役に立てれば、との思いから生まれたのが本書です。毎年改編を重ねながら、今年も教育理念や特色など、260以上の学校の素の姿をお伝えしています。そのため、いわゆる偏差値や学力の指標となるものは掲載しておりません。それは数字だけで判断するのではなく、ご家庭の教育方針やお子さまにあった学校を選んでいただきたいからです。中学受験が本格的に迫ってくるこれからの季節に、ぜひ一度ご覧ください。学校選びの視野が広がることはまちがいありません。

株式会社 グローバル教育出版
〒101-0047 東京都千代田区内神田2-4-2　グローバルビル
TEL：03-3253-5944（代）　FAX：03-3253-5945
http://www.g-ap.com

9784903577401

1920037010003

ISBN978-4-903577-40-1

C0037 ¥1000E

定価：本体1000円＋税

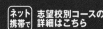